フィールドワーク選書 11

印東道子・白川千尋・関 雄二 編

音楽からインド社会を知る

弟子と調査者のはざま

寺田吉孝 著

臨川書店

扉写真——山車の行列行進でナーガスワラム（管楽器）を演奏するパラニサーミ先生（左から３人目）。神像が山車に乗せられ寺院の周辺を巡行するさい、寺院所属の楽師たちが演奏しながら先導する。山車が家の前を通ると、信者たちが供物を供え神に礼拝する。マドラス市。1989年。

目次

第一章　インド音楽との出会い……7
偶然の出会い、運命の出会い／サンフランシスコでの共同生活／タミル語を習う

第二章　フィールドワークに向けて……25
初めてのインド訪問／神に触れられる？／調査テーマを決める／南インドの音楽／音楽とカースト

コラム　音楽家の名前

第三章　古典音楽を習う……47
調査を始める／師匠の家に通う／コンサート、ラジオ／楽器を買う／ネズミとゴキブリ／小さなデビュー演奏／ただ一度の叱責／音楽家タンジョール・ブリンダ／静寂のなかの演奏会

第四章　ナーガスワラムを習う……77
パラニサーミ先生への弟子入り／ナーガスワラム作りの名人／楽師の世界／ナーガスワラムと声楽／結婚式／地方都市への演奏旅行／ラッチャッパー先生への弟子入り／カーストをめぐる攻防

コラム　音楽の録音

第五章　楽師を探して南へ……123
音楽の都タンジャーヴール／ナーガスワラムの調査／地方の音楽文化／楽師に会いに行く／寺を訪ねる／インタビュー／ナーガスワラムの皇帝／南部の都マドゥライへ／悲運の名演奏家たち／フィールドで病気になる／帰国

コラム　カセット普及の衝撃

第六章　長期フィールドワークのあと……167
調査助手を雇う／ラージャラッティナム再訪／タミル音楽運動／現地社会との交わり／ブラーマンであることの困惑／ブラーマンの心性

第七章　別れ……191
ブリンダ先生との別れ／追悼ハウス・コンサート／アメリカでヴィシュワを訪ねる／民博の記念公演／ラッチャヤッパー先生逝く

おわりに

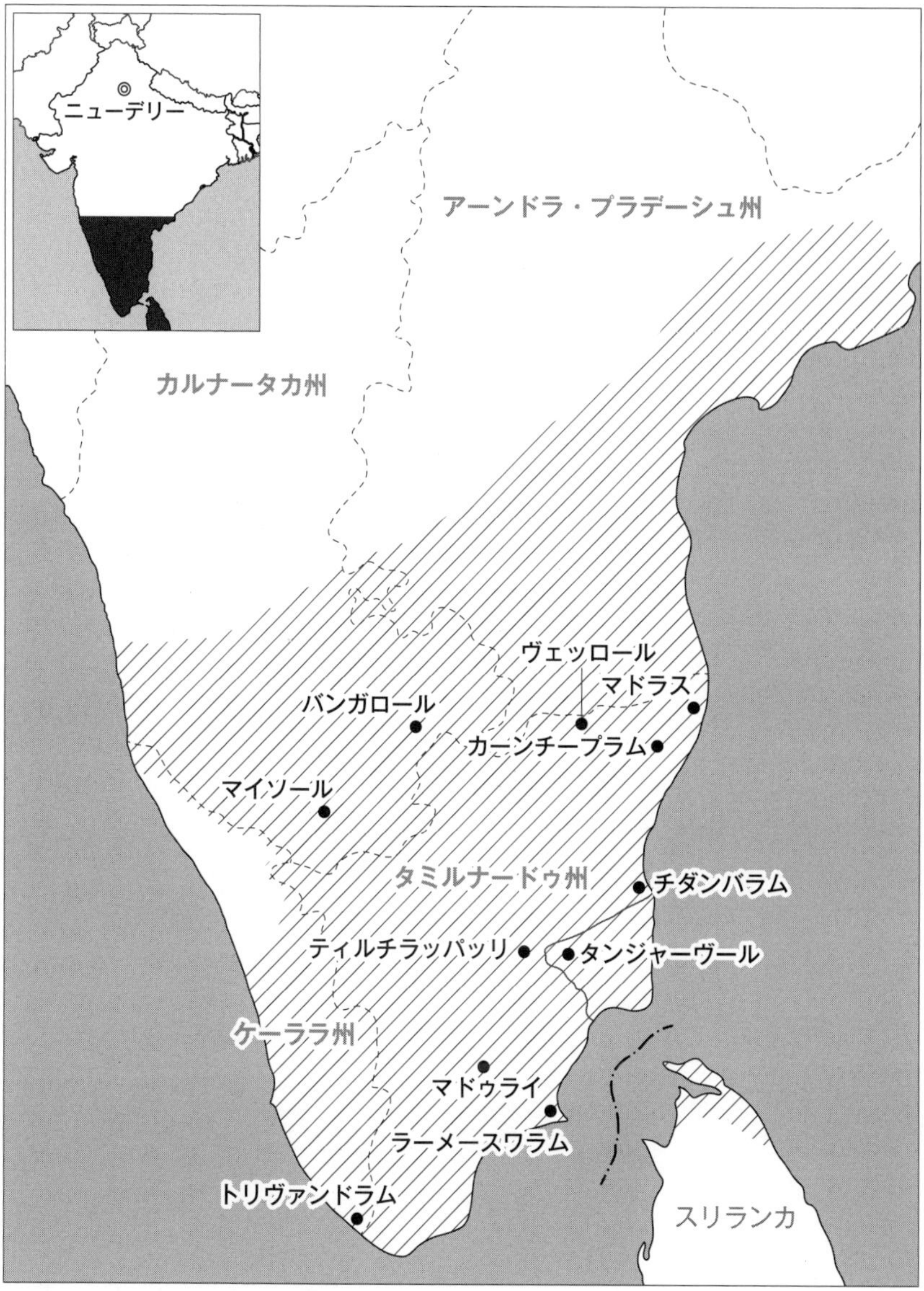

地図1　南インドは、主にタミルナードゥ、ケーララ、カルナータカ、アンドラ・プラデーシュの4州から構成される。斜線部分は、ペリヤ・メーラム音楽が演奏されている地域。

第一章　インド音楽との出会い

私が南インドの音楽と出会ったのは、日本でもインドでもなく、留学先のアメリカ合衆国だった。留学といっても、ほとんど遊学で、明確な目的をもつ「本来の」留学生たちと同じカテゴリーに入れてもらうのは、少し後ろめたい。日本の大学生活に全く馴染めなかった私は、偶然に縁ができた西海岸の町シアトルで、コミュニティ・カレッジにしばらく通うことにした。一九七六年のことである。

中学時代から音楽が好きだった私は、高校に入るとクラスメートたちとロック・バンドを結成し、大学では仲間と自前でコンサートやダンスのイベントなどを企画した。そのような私にとって、アメリカに滞在できる最大の魅力は、現地の音楽だった。特にアフリカ系アメリカ人の音楽に興味があったので、その背景となっているアメリカの歴史や文化を知りたいと思い、音楽とエスニック・スタディーズを専攻することにした。後者は、一九六〇年代末に公民権運動や学生運動の成果として生まれた新しい研究分野である。キーボードやドラムなど音楽の実技と並行して、マイノリティの歴史や社会に関する授業をとった。教授たちも受講していた学生たちも、アフリカ系、ヒスパニック系、アジア系、先住民系など、いわゆるマイノリティ集団に属しているものが多かった。また、コミュニティ・カレッジには社会人学生が多く、年齢層も幅広かった。四年制の大学には行かない（または、行けない）マイノリティの学生に数多く出会い、かれらとの交流から、四年制の大学に通う恵まれた人々だけとのつきあいでは、見落としてしまうものがあることを学んだ。

音楽理論を教えていたマイク・クーレン先生は、授業中にときおりアフリカ音楽の話をすることがあったので、自分の興味について話すと、「民族音楽学」という研究分野があり、市内にあるワシントン大学の民族音楽学科は全米でも有数の研究拠点だと教えてくれた。先生自身も、この学科の博士課程に在籍中で、研究を続けながら、アルバイトとして音楽を教えていたのだった。

クーレン先生に教えてもらうまで、私は民族音楽学（エスノミュージコロジー）という分野が存在することさえ知らなかった。大学で世界中の音楽について学べる！　そう考えるだけで心が騒いだ。また、そのような研究分野が確立され、社会的に認められていることにも感心した。実は日本でも東京芸術大学の小泉文夫教授らの活動により、民族音楽学が少しずつ知られるようになっていたのだが、音楽のアカデミズムと縁がなかった私はその動向について知らなかった。

すぐに、ワシントン大学に連絡を取り、当時新任のロレイン・サカタ教授に面会をお願いした。彼女はこの学科の卒業生でもあったので、その概要を丁寧に教えてくれた。サカタ先生には、それ以降博士号を取得するまで、長年にわたりお世話になった。日本とは異なり北米では専攻の変更が容易であるため、気軽にこの学科を選ぶことができた。はっきりとした将来のヴィジョンはなかったが、しばらく籍をおいて様子を見ることにした。

こうして、私は、一九七七年の秋からワシントン大学の民族音楽学科に在籍することになった。カリキュラムに従って必修科目を取っていったが、すべてが目新しく、世界にはこんなに素晴らしい音楽がたくさんあるのかと驚いた。この学科を一九六三年に設立したロベルト・ガルフィアス先生は、一九五〇年代末に東京で雅楽を研究していたこともあり、学科で初めての日本人学生であった私に目をかけてくれた。日本の伝統音楽の素晴らしさを「発見」できたのも、ガルフィアス先生の授業のおかげだった。日本に住んでいたときは、封建的な匂いのする伝統音楽をあえて聞きたいとは思わなかったが、日本の音楽を音響として聴く機会を与えてくれたガルフィアス先生の授業は刺激的だった。自分の音楽の聴き方が、音響とは関係のないイメージに左右されていたことを知る好機でもあった。

ワシントン大学の民族音楽学科には、毎年世界各地から一流の演奏家を招いて学生に教えさせる制度があった。民族音楽学における基本的な考え方の一つにバイミュージカリティがある。バイリンガルから着想を得たこの概念は、「二重音楽性」と訳され、音楽を研究する際に、実際にその音楽を学び、演奏の技術を身につけることの重要性をさしている。カリフォルニア大学ロサンゼルス校（ＵＣＬＡ）で長年民族音楽学を講じたマントル・フッドが提唱し、同大学で彼の薫陶を受けた研究者が、同様のプログラムを北米各地の大学に広げていった。ガルフィアス先生もフッドの弟子にあたり、ワシントン大学にこのようなプログラムを導入した。

ハーヴァード大学のように実技を重視しない大学も存在するが、実際に自ら学習してみることの重要性は学界で広く認識されている。しかし、その一方で、音楽の実技を習うことに変わりはないが、演奏家を養成する音楽院（コンサーヴァトリー）とは目的が大きく異なっている。民族音楽学においても音楽の技術的な側面の理解は不可欠であるが、プロの演奏家を養成することが目的ではなく、自らの身体を介して学ぶプロセスから、教授方法に現れる文化の差異を感覚として体験することが重視されている。技術としての音楽ではなく、文化としての音楽を体験すると言い換えてもい い。インドの古典音楽のように音楽の伝承が個別で濃密な師弟関係のもとで行なわれてきた文化では、調査者の関心が、音楽的側面にあるにせよ、より人類学的な興味に基づいているにせよ、師匠に弟子入りをして音楽を学ぶことが望ましい方法であると考えられてきた。

偶然の出会い、運命の出会い

私がワシントン大学に入学した一九七七年には、三人の音楽家が南インドから招かれていた。声楽家のタンジョール・ブリンダ、その娘で同じく声楽家のヴェーガヴァーヒニ・ヴィジャヤラーガヴァン（ヴェーガ）、そして太鼓奏者のグルヴァーユール・ドライの三人だった。かれらの授業を取ったことが、私の人生を大きく左右することになった。もしこの年に、アフリカやラテンアメリカの音楽家が招かれていたなら、私はインドとは全く縁のない生活を送っていたかもしれない。この巡り合わせは全くの偶然だったが、今では宿命の出会いとしか思えない。

ブリンダ先生は、一九一二年生まれだったので、当時すでに六十代後半にさしかかっていた。小柄で物静かだが有無を言わさぬ威厳が漂っていた。ヴェーガ先生も優れた声楽家で、幼い時から母親に音楽を叩き込まれていた。英語が得意でないブリンダ先生の通訳の役目も果たしていた。私は履修科目の一部として授業を取り始めただけで、当初はインドに特別な思い入れがあったわけではない。また、かれらが演奏する音楽への予備知識もほとんど持ち合わせていなかった。一九六〇年代以降、ビートルズやジョン・コルトレーンをはじめ、数多くの欧米ミュージシャンたちがインドの音楽や文化に傾倒し、それぞれの活動のなかにインドイメージを取り入れていったことは、私も知っていた。かれらの音楽も聞いてはいたが、それが理由でインドに特別な関心をもつようになったのではない。逆に、「物質主義的な西洋」に対するアンチテーゼとしての「スピリチュアルなインド」という構図には懐疑的だった。

ジャンルが違うとはいえ、私はパーカッション奏者だったので、太鼓の授業は比較的とっつきやすかった。ドライ先生が教える太鼓はムリダンガムと呼ばれ、南インドの古典音楽には欠かせない楽器だ。そのほかにも宗教歌謡、民俗芸能、映画音楽などで演奏される、南インドを代表する打楽器である。太鼓の胴は樽型でジャックフルーツの木をくり抜いて作られており、見た目よりずっしりと重い。インド古典音楽の演奏家は床に座って演奏し、ムリダンガム奏者の場合は、太鼓を床に水平におき胴の両側に張られている打面を両手で演奏する。太鼓の打面には複数の皮が張ってあり、打つ場所と、打ち方によって様々な音色が出せる。特に利き手側の打面では、皮と皮のあいだに僅かな隙間ができるように、藁しべが挿入されており、打つたびに皮と皮が接触するためビーンと響くような音がする。

リズムのパターンは、音色の組み合わせと不可分で、この二つが統合されている打ち方の型を口唱歌で覚える。例えば、「タラーングトッタットン」という口唱歌は、そのフレーズがもつリズム的側面だけを指すのではなく、打面のどの部分をどのように打つかという演奏法を示している。この口唱歌と実際の音との関係がおもしろく、一生懸命練習した。他の学生に比べ、上達も遅くなかったと思う。

逆に、私にとって難しかったのは、ブリンダ先生の声楽のクラスだった。元々歌は得意ではなかったこともあり、音の取り方が難しく、間違いを指摘されても、どこがおかしいのかさえ理解できないことが多かった。南インドの古典声楽は習得に時間がかかること、またブリンダ先生の歌のスタイルは特に難しいということが後でわかるのだが、当時は知る由もなく、入り口でつまずいたことに少なからずショックを受けた。

共に外国人であった気安さからか、ブリンダ先生たちは私に親しく接してくれた。車のないかれらは足に不自由していたので、買い物などのお手伝いを申し出た。そのうちに滞在していたアパートにも招いてくれるようになり、お互いの国での生活の様子などを話し合った。また、先生のアパートで南インドの家庭料理を生まれて初めてご馳走になった。スパイスはきいていたが、刺激的な辛さはなく優しい味だった。

ブリンダ先生たちのワシントン大学での契約は九ヶ月間で、学校年度が終わる六月末にインドに帰国することになっていた。当時、著名な民族音楽学者のロバート・ブラウン博士が、アジア各地の音楽を学ぶことができる「世界音楽センター」を主宰しており、サンフランシスコで開いた一九七八年のサマースクールに、ブリンダ先生たちを講師として招いた。ブラウン博士は、一九六五年にムリダンガムについて博士論文を書いており、北米における南インド古典音楽の研究と普及に多大な貢献をした人物である。ブリンダ先生とも旧知の仲だった。

サンフランシスコでは、宿泊先も手配されていた。現地に住むインド人一家が夏休みを利用して長期に里帰りをするので、かれらの家を宿舎として使っても良いという申し出があったのだ。ブリンダ先生たちは、遠路北米まで来ていたので、このサマースクールでもう二ヶ月間教えてから帰国することにした。私はといえば、インド音楽の魅力が少しなりともわかり始めた頃で、続けて音楽を習いたかったが、サンフランシスコのサマースクールに参加するには、授業料や滞在費がいる。そんな余裕がないことを告げると、ブリンダ先生は、宿泊先には地下室があるから、そこで寝泊まりすればいいと提案してくれた。私は二つ返事でご厚意に甘えさせてもらうことにした。ブリンダ先生たちは飛行機で移動し、私はシアトルからサンフランシスコまで一日かけて車で追いかけた。

サンフランシスコでの共同生活

こうして、一九七八年の夏、私はマドラス（現チェンナイ）出身の演奏家三人と二ヶ月間一つ屋根の下で暮らすことになった。南インドでは、家事などの手伝いをしながら音楽を学ぶ形態（後述）をグルクラヴァーサムと呼び、私はその真似ごとを経験することになったのだ。私は、住まわせてもらう代わりに、車で先生たちを大学まで送り迎えし、帰りに買い物につきあい、料理や掃除の手伝いなどをした。付き添いの弟子という立場で、先生たちの授業を無料で聴講させてもらった。ブラウン博士の粋な計らいだった。この夏期プログラムには、北インドやインドネシアの音楽家たちも教えに来ており、素晴らしい音楽を毎日のように聴くことができた。

ヴェーガ先生はラシカという五歳になる娘を一緒に連れてきていた。夫は仕事を離れることができず一人マドラスに残っていた。ラシカは、私のことを遊び仲間として気に入ってくれたようで、地下室の私の部屋で一緒に寝たいと言ってブリンダ先生たちを困らせた。ちなみに、ラシカという名は音楽などの愛好家を意味するが、ずば抜けた音楽一家に生まれたにも関わらず、彼女は音楽には興味を持たなかったようだ。ブリンダ先生も、音楽で生計を立てることの難しさを熟知しているためか、音楽の道を強くは勧めなかったという。

ブリンダ先生一家とドライ先生は、シアトルでは別々にアパートを借りていたが、サンフランシスコでは、私を含め五人が一つ屋根の下に暮らすことになった。しかし、このような組み合わせは、インド国内では考えにくい。通常、帰属するカーストが異なる人間が寝食を共にすることはないし、血縁関係のない男女が一緒に暮らすことも噂の種になる危険があるからだ。カーストが異なると食事や宗教上の慣習が異なるため実質的な不都合が生じるだけでなく、背景には複雑なカースト間の関係が存在したが、当時の私はその事情を全く知らなかった。マドラスであれば社会的な圧力がかかっただろうが、国外だったこともあり、一カ所に住むことのメリットが勝った。何年も後に、私が南インドで調査を始めたときには、音響としての音楽や演奏の場が主な関心事であったが、徐々にそれを支える社会の有り様に関心が移行していった。その萌芽が、すでにこの長い旅の出発点に存在していたのは因縁めいている。

ブリンダ先生は、空いた時間にヴィーナと呼ばれる弦楽器の手ほどきをしてくれた。私が声楽に向いていないと判断したのだろう。彼女は声楽家として知られていたが、ヴィーナの名手でもあった。祖母のダナンマル（一八六七―一九三八）は、学業・芸能を司る女神サラスワティの化身とまで言われた著名音楽家で、この楽器の代表的な演奏者だったため、「ヴィーナ・ダナンマル」の愛称で親しまれていた。

ダナンマルの音楽は、ＳＰレコードに録音されており今でも聞くことができる。派手さや小細工を拒むような、質素だが細部に異常なまでの拘りを見せる玄人好みの音楽である。ブリンダ先生は、一族のなかで声や風貌がダナンマルに一番似ていると言われていた。しかし、当時の私はブリンダ先生の家系が音楽史上どのような貢献を果たしてきたかについてほとんど知らなかった。インドに住み始めて、ブリンダ先生に音楽を習っているという私の自己紹介に対する音楽家や愛好家たちの反応などから、徐々に先生の家系の音楽の特性や社会的な地位について知っていくことになった。

ヴィーナは音の高さや動きを、演奏する手の動きで見ることができるために、声楽と比べ理解しやすかった。音楽を学ぶ際に視覚に頼っている自分にも気付かされた。ヴィーナは南インドを代表

写真１　ヴィーナを弾くブリンダ先生。４本の旋律弦はブリッジの上面にかけられ、３本のリズム弦は側面にかけられる。右手の指で両方の弦を弾く（写真提供：柘植元一、1969年）。

する弦楽器で、七本の弦をもつ。そのうち四本は蜜蝋の上に固定された金属性のフレットの上に張られており、これらの弦で旋律を奏でる。左手の指で弦を押さえ、右手の人差し指と中指を交互に動かしながら弦を弾く。左手の使い方には様々な技法があり、弦をフレットに沿って引き下げたり、フレット間でスライドさせたり、弦を軽く打ったりしながら音を装飾する。一番高く調弦された弦を弾くことが最も多く、音の装飾もこの弦を用いることが圧倒的に多い。四本の弦は、四度と五度の間隔で、下からソ―ド―ソ―ドと調弦されている。弦を弾く指には金属製のピックをはめる演奏者が多いが、ブリンダ先生はつけずに演奏していたので私もそれに倣っている。

　ヴィーナには、旋律弦のほかに三本のリズム弦が張られている。これらの弦はネックの側面に張られ、ド―ソ―ドに調弦されている。フレットのない開放弦なので、それぞれ弦の音の高さを変えることはできない。リズム周期を示すために、右手の小指でこれらの弦を弾く。例えば、最もよく使われるアーディというターラ（リズム周期）では、一周期八拍が、四拍、二拍、二拍の三つのセクション（アンガ）から構成される。各セクションの頭である一拍目、五拍目、七拍目で、リズム弦を弾くことで、リズム周期の構造を示す（写真1）。

また、ヴィーナのリズム弦は共鳴弦の役割も果たしている。北インドの弦楽器では、共鳴弦と呼ばれる弦が数多く張られていることが多い。これらの弦は、演奏で用いるすべての音に合わせて調弦されている、一つの音を弾くと、それに対応する弦が共鳴して、音がうねるような独特の音響を創りだす。それに対し、南インドの弦楽器は共鳴だけを目的とした弦がなく、それだけ単音的なすっきりとした響きをもっている。ヴィーナもその例に漏れず、いわゆる共鳴弦は存在しないが、音楽の核になるドとソの音に調弦されたリズム弦が部分的にその役割を果たしている。旋律弦とリズム弦が合っていないと音が共鳴しないので、調弦には細心の注意が払われる。

調弦は二段階で行なわれる。まず糸巻きを回転させて、弦の張り具合によっておおまかに音を合わせる。ヴィーナではより厳密な調弦をするための特殊な機能がついている。弦は、奏者側から見て、胴の右側中央に固定されているが、そこからブリッジの間の弦にビーズのような球体が通されており、この球体を移動させることによって弦の張力の微調整を行う。演奏していると微妙に音が変化するので、曲の途中であっても調弦の微調整をすることが多い。音が完璧に合っているかどうかは、演奏家の技量を評価する際にも重要で、公演のレビューなどでもこの点に触れることが多い。

音楽を習っているうちに音のズレに対する感覚は少しずつ鋭くなるが、私も初めはブリンダ先生によく注意された。これで合っていると感じていても、「もう少し高く」、「ほんの少し低く」と直された。厳しく訓練していただいたおかげで、音のズレに対してはかなり敏感になった。プロの演奏家でも音が微妙にズレている場合が思ったより多く、その微細な違いを少しは分かるようになった。

私は、身体をやさしく包み込むようなヴィーナの深い音色がとても気に入った。このとき私が習ったのは初心者が最初に習う音階練習と短い練習曲だったが、音色自体が大変美しく、すべての弦が正しく調弦されていれば、一つの音を弾くだけでも、響きの美しさにしばし我を忘れることさえあった。他の音楽であればすぐ飽きたかもしれない単純な音階の練習だけでも、満ち足りた気分を味わうことができた。

ブリンダ先生たちの帰国が近づいてきたある日、私は意を決して聞いてみた。

「先生について正式にヴィーナを学びたいのですが……」

もちろんといった表情で首を横に振った。インドではこれはノーではなくイエスの仕草だ。

「タミル語を習ってからマドラスに来なさい」

ブリンダ先生は片言の英語しか話さないから当然の条件だ。いつ行けるのか、あては全くなかったが嬉しかった。しかし、実際にインドでヴィーナを習えるようになったのは、それから八年も先のことだった。

サンフランシスコ滞在中、ちょっとした事件が起こった。ある晩、その日の仕事をすべて終え寝支度をしていたとき、ドライ先生が地下の私の部屋に下りてきた。いつもは穏やかで優しい先生が、見るからに動揺していて表情が険しい。目も腫れていた。異常なことが起こったのは明らかだった。大丈夫ですかと聞いても小さな声でぶつぶつとつぶやくだけ。そのなかにブリンダ先生やヴェーガ先生の名前がでてきたので、かれらの間で何か諍いがあったにちがいない。その晩は上に戻りたくないので、私にあてがわれていた部屋で寝させてほしいという。実際にどのようなやり取りが行なわれたのは最後までわからなかったが、ある程度の想像はついた。翌朝はよそよそしい空気が流れたが、徐々に元の日常に戻っていった。

南インド古典音楽の世界はピラミッド構造になっており、音楽家の間には、年齢、師匠、演奏スタイル、所属カースト、音楽的役割、性別など複数のベクトルに基づいた、複雑な上下関係が存在する。ブリンダ先生は六十代半ばで、演奏家としてのピークは過ぎていたかもしれないが、音楽界の頂点をきわめた大演奏家だった。しかも、記録に残っているだけで七代も続く音楽芸能一族の出身である。それに対して、ドライ先生は四十歳を過ぎたばかりの太鼓伴奏者。今でこそムリダンガムの最長老の一人になっているが、当時はやっと注目を集め始めたばかりの中堅奏者だった。また、親族にも名をなした音楽家がほとんどいなかった。この二人の間には、系譜、年齢、音楽的役割などの点で明らかな上下関係があった。

しかし、ドライ先生の属するブラーマン・カーストは、演奏家の大多数を占め、学界や音楽ジャーナリズムでも圧倒的な力を持っていた。また、コンサートや音楽祭を企画する音楽協会（サンギータ・サバー）も、ほぼすべてブラーマンによって運営されており、かれらが、マドラスを中心とする古典音楽界を支配していたといっても過言ではない。それに対し、ブリンダ先生が属するカーストは、イサイ・ヴェーラーラル（デーヴァダーシ）と呼ばれる音楽・舞踊の職能カーストであり、ブリンダ先生の一族をふくむ少数の例外を除いて、中央の音楽界から冷遇される傾向があり、代々培った音楽的遺産により細々と命脈を保っていた。両者の間には、相互依存と競合が同居しており、その関係は極めて両義的である。

一九七〇年代から古典音楽演奏家による海外ツアーが増加していくと、国外の聴衆のリズム楽器への圧倒的な支持が、職能における序列に変化をもたらすようになった。ブリンダ先生の音楽は高度に洗練されており、すぐにその美しさがわかるような種類の音楽ではない。そのため、聴衆の反応は好意的であっても熱狂的ではなかった。それに対し、コンサートの後半に演じられるドライ先生の長いソロが終わると、熱烈なスタンディング・オヴェーションが続くことが常だった。インド音楽におけるリズムの組み立て方を理解せずとも、目にもとまらぬ手の動きや、正確に刻まれる複雑なリズムは圧倒的な存在感があるため、聴衆の反応において、逆転現象が起きる。このような海外での打楽器奏者への評価は、伴奏者の意識を徐々に変え、インド音楽界の序列を少なからず揺さぶったと考えられる。インドでも、ムリダンガムの愛好家はいるが、太鼓演奏家の音楽的、社会的地位はあくまでソロイストである声楽家に従ずるものであった。この地位の逆転を不快に感じるソロイストたちが、伴奏者に批判的なコメントをすることも稀ではない。伴奏者のあり方について音楽誌で議論が戦わされたこともある。

ともあれ、場所はインド国外であったにせよ、プロのインド人音楽家たちと生活を共にし、かれらの日常をつぶさに観察した経験は、その後のインドでの調査に大きな影響を与えた。明確な目的や計画がなかったという点で、私自身この滞在を調査だとは考えていなかったが、振り返って考えれば、この体験は、後に行ったフィールドワークの方法と博士論文のテーマ設定を予見していたのかもしれない。

ブリンダ先生たちが帰国した後、一九七八年の秋学期から一年間、ダグラス・ナイト先生が客員教授としてワシントン大学で教えることになった。ナイト先生は、南インド古典音楽の専門家で、特にリズムについて造詣が深く、ムリダンガムの優れた演奏家でもあった。ブリンダ先生たちが帰国した後も、続けて南インドの音楽について学べたのは幸運だった。私は先生の授業から南インド古典音楽におけるリズムの理論と伴奏の実践について多くを学んだ。また、ナイト先生はブリンダ先生の一族と個人的にも親しかったので、ブリンダ先生に弟子入りする際の留意点についても助言をいただいた。

ブリンダ先生の従妹にあたるT・バーラサラスワティ（バーラ、一九一八—一九八四）は、バラタナーティヤムと呼ばれる南インド古典舞踊の不世出の名手として知られ、アメリカ東海岸のコネティカット州にあるウェスリヤン大学を拠点として活動していた。バーラの弟であるランガナーダン（ランガ、一九二五—一九八七）はムリダンガムを同大学で教えており、ナイト先生はランガの一番弟子だった。ブリンダ先生の一族には有名な音楽家、舞踊家が多いが、みなアメリカを拠点にしていた。今考えれば不思議な状況であるが、当時は、そのような疑問さえ湧かなかった。

また、ナイト先生は、バーラの一人娘で同じく舞踊家のラクシュミ（一九四二―二〇〇一）と恋仲になり結婚を希望していた。ワシントン大学在任中、ラクシュミとの結婚を認めてもらえるように、東海岸にいたバーラに頻繁に電話で連絡を取っていたが、なかなかいい返事がもらえず、悶々とした日々を過ごしていた。私は一介の学生だったが、自棄酒につきあったこともあった。

タミル語を習う

ブリンダ先生の弟子にしてもらう条件の一つは、タミル語を学ぶことだった。いつインドに行けるのか目算はなかったが、善は急げで、先生たちが帰った翌年から習い始めた。幸い、ワシントン大学ではドラヴィダ語族を専門とする言語学者ハロルド・シフマン教授がタミル語を教えていた。初級のクラスでは、学生は私を含めてたったの二名。もう一人の学生は一年ほどで辞めてしまったので、二年目からは私一人だった。シフマン先生には、タミル人の助手がおり、私は二人の先生を独り占めできるという夢のような環境に恵まれた。タミル語のコースは、シフマン先生が他大学へ転職した一九九五年に閉講されたので、私はいい時期に在学していたことになる。助手のS・アロキアナーダンは、旧フランス領ポンディチェーリ（現プドゥッチェーリ）出身の言語学者で、助手をしながら博士論文を書いていた。自宅にもおよばれして、タミル文化について教えていただいた。

アロキアナーダン先生の授業では、タミル語に対して並々ならぬ愛着が感じられたが、それは彼が言語学者であるからだと当時は考えていた。そのことに間違いはないのだが、タミル人のタミル語に対する情熱が、ブラーマンと非ブラーマンの対立を軸としたカースト政治と不可分な関係にあるという背景を知るのは、かなり後のことであった。

タミル語は、日本語話者には発音が難しいのだが、語順は日本語とほぼ同じである。ただ、私の場合、語順の異なる英語を介してタミル語を学んだので、初めは混乱した。日本語で学んでいればもっと早く上達したかもしれない。語彙を増やすのには時間がかかるが、タミル文字は数が限られているので、習得するのにそれほど時間はかからなかった。私がインドに行きはじめた一九八〇年代には、標識などでアルファベット表示が比較的少なく、意味は分からなくても、タミル文字が読めるだけで重宝することが多かった。大学では結局三年ほどタミル語を学んだことになるが、授業は週に一回しかなくなかなか上達しなかった。

こうやってフィールドワークの準備を始めたのだが、インドへの道は遠かった。

第二章　フィールドワークに向けて

初めてのインド訪問

修士課程を修了した一九八三年に、私は初めてインドを訪れる機会を得た。ブリンダ先生たちに手ほどきを受けてから、すでに五年の歳月が流れていた。もっと早く行きたかったのだが、自己資金はなく、またアメリカでは修士課程の留学生を対象とした海外調査の補助金は皆無だった。そのため、入学時から並行して習っていたフィリピン・ミンダナオ島の音楽について修論を書きあげた。フィリピンに一度も足を運ぶことなく、アメリカに移住したフィリピン人音楽家の演奏を採譜して、その構造を分析するという古典的な楽理研究だった。修士号を取得し日本に一時帰国した時、インドを訪ねる決心をした。私は二十九歳になっており、博士課程への進学は決まっていたが、本当にこの道を進んでよいのかという迷いがあった。どのように人生の舵を取るにせよ、決断するきっかけが欲しかったのだろう。ブリンダ先生との約束は忘れていなかったし、もし将来本格的な調査をするのであれば、それまでに少なくとも一度は自分の身体でインドを体験しておきたかった。

ボンベイ（現ムンバイ）経由でマドラスに着くと、町の南部を流れるアデヤール川の近くにある安宿に投宿した。ブリンダ先生たちを訪ねるとき以外は、町中を歩き回った。私にとってすべてが新鮮だった。ハイビスカスの目の覚めるようなピンク色や、いびつなところが何とも魅力的な手書きの看板に見惚れたり、気が付くと大きな水牛が体すれすれに歩いていて驚いたり、スピーカーから流れてくる音があまりに大きく、また割れているので、どうして楽しめる（我慢できる）のだろうかと感心したりした。町は活気にあふれ、音、匂い、色などすべての感覚において刺激が強いので、一日が終わるころにはへとへとに疲れたが、できるだけ多くの場所を訪ね、人に会うことで、この地で長期調査ができるのか、自分なりになんらかの手がかりを探していた。この旅の途中、マドラスの宿から日本に電話をかけようとしたとき、繋がるまでに一日以上待たされたのが昨日のことのように思い出される。今ではインドから世界中に瞬時に連絡ができるようになり、隔世の感がある。

マドラスだけでなく、タミルナードゥ州内の他の地域も見たかったので、州政府が運営していた巡礼バスツアーに参加した。州が経営するホテルに泊まりながら、一週間ほどで七つの主要な寺院町を廻るため日程はかなり強行だった。参加者のほとんどは他州から来たヒンドゥー教徒のインド人。すぐに、ボンベイに住むタミル人夫妻や、マレーシアで生まれ育ったタミル人男性と親しくなった。巡礼ツアーでは、カーンチープラムやマドゥライといった古都の壮大なヒンドゥー寺院の威容に圧倒されたのだろう。このとき撮った写真にはゴープラム（寺院の門塔）や神々の石像が圧倒的に多い（写真2）。寺院はヒンドゥー教徒の宗教生活の中心であり、その寺院がある町のアイデンティティでもある。遠くに門塔が見え始めると、初めて訪れる町への期待感が膨らんだ。

神に触られる？

このツアーの最中に、私にとって全く予期せぬことが起こった。スリランカに最も近い町ラーメースワラムにあるラーマナーダサーミ寺院を訪れた時だ。インドの寺院では入り口で履物を脱いで裸足でなかに入る。ツアーの参加者と行動を共にしたこともあったが、その日はたまたま一人で寺院のなかを歩き回った。この寺院には長大な回廊があり、私は一人で両側にあるヒンドゥーの神々や神獣などの石彫などを眺めながらゆっくりと歩いていた。回廊の床はひやっとしているが、芯に熱があるような不思議な暖かさがあった。拒絶も受け入れもしない感覚が、足の裏から伝わってきた。石に染み付いたような、お香と樟脳、灯明に使う油の匂いが、身体を包む。遠くから大きな音が聞こえていた。後に調査することになるペリヤ・メーラムの音楽だった。石造りの寺院では、音は様々な角度で反響する。演奏者がどちら

写真2　巡礼ツアーに参加したとき訪れたミーナークシ寺院。門塔（ゴープラム）は圧倒的な存在感がある。マドゥライ市、1983年。

の方向にいるのかさえ、とっさにはわからなかった。音に気が取られているうちに、床の上を歩いている足の感覚がないことに気がついた。あっ、と思った瞬間、私の身体の周りは柔らかい空気に包まれていて、すこしだけ宙に浮きながら前に進んでいるような感じがした。自分の意志で歩いているのだが、歩くことを自分では止められないような感覚。この寺院の主神がまつられている内殿に向かっているのだが、その意志を変えることができない。回廊を進む信者たちは何事もないように歩いている。そう、おかしなことは何もないのだ、と自分に言い聞かせた。

わけの分からないまま、内殿の前に立ち神像を拝んだ。神にお目通りすることをダルシャナという、寺院へ行く最大の目的であることは知識としては知っていた。また、それまでに訪れた寺院でも見よう見まねで礼拝をしていたが、この時は、自分が神を礼拝する姿をスローモーションで見ているような感じがした。もう何年もその行為を繰り返してきたかのような感覚を味わいながら、その場を離れた。その間もずっと音が聞こえていたはずだったが、思い出せない。寺院の外に出ると、急に音のある世界に引き戻された。過剰なほどの喧噪にしばし立ちどまった。時間の感覚がたしかでなく、どのように戻ったのかさえ覚えていない。よく遅れないで戻れたものだ。バスに乗り込んでも、寺院のなかで体験した浮遊感が、まだかすかに身体に残っていた。

仲良くなったツアーの同行者たちが戻ってきたので、かれらに私の体験をこわごわ話すと、それまでに見たことがないような笑顔で、「それはよかった、神さまがあなたに触ってくれたのだ」といって祝福してくれた。私には容易に理解することができない体験だったので、錯覚かと思ったりもしたが、寺院内での身体の感覚は鮮明で、同行のヒンドゥー教徒が見せた満面の笑みとともに、長い間私のなかで発酵し続けることになった。

私はどちらかというと無神論的な考えをもっているし、霊的な人間でもない。超越的な存在を全く信じないわけではないが、容易に説明のつかない体験をしたことはそれまで全くなかった。しかし、ヒンドゥー教徒が神とのつながりを語るとき、また、その後調査することになるナーガスワラムの音を聞いて神の存在を感じるという語りを聞くとき、この寺院で体験した身体の感覚がよみがえる。もちろん、この極めて個人的な、そして一回だけの体験をもとに一般化を試みることには気をつけてきたつもりだが、ヒンドゥー教徒が寺院に行く理由を考えるうえでのヒントの一つにはなった。人々は病気の快癒や安産など現世利益的な目的でも寺院に行くが、気分が塞いでいるときにも寺院を訪れる。私のマドラス在住の友人は、大きな困難に遭遇したとき、毎晩市内の寺院を訪れていたことがあった。神に祝福されること、またはその可能性は、信者から見た寺院の大きな存在理由なのである。

この旅行中、ブリンダ先生の家を頻繁に訪ねたのはもちろん、できるだけたくさんの音楽に触れようとコンサートに出かけ、また北米ツアー中にシアトルで出会ったヴァイオリン奏者の家にもお邪魔して、自宅で録音までさせてもらった。ドライ先生を訪ねた時には大歓迎された（写真3）。たまたま仲間の演奏家たちがコンサートの打合せに来ていたところだった。かれらに弟子として紹介

写真3　ムリダンガムのレッスンをするドライ先生（左）。マドラス市、1983年。

され赤面した。ほんの初歩をかじっただけで、弟子と呼ばれるほど長く薫陶を受けたわけではなかったからだ。ドライ先生には、マドラスでは珍しいシタール奏者にも紹介してもらった。

シタールは北インドを代表する弦楽器で、日本でも有名だが、南インドではそれほど人気があるわけではない。しかし、映画音楽の伴奏楽器としてよく使われるため、彼も主に映画音楽の録音で生計を立てていた。ちょうど収録があるというので、映画スタジオが集まっているコーダムバーッカムにある撮影所での録音に立ち会わせてもらった。指揮者が大きなスクリーンに映し出された音のない映像を見ながら、ヴァイオリン中心のオーケストラを統括して録音を進めていく様子は、臨場感があった。ドラム・セットや電気楽器なども準備されており、生々しい現場を見ることができた。

初めてのインド滞在は短かったが、ブリンダ先生やドライ先生の、アメリカでは見たことのない自信に満ちた表情が印象的だった。数多くの音楽家や音楽愛好家、町の人々に出会い、コンサートでの聴衆の反応などをみるにつれて、分からないことだらけであったが、この町で長期の調査をしてみたいと思うようになった。

調査テーマを決める

シアトルに戻った私は、博士課程に進学し、必修科目を取りながらインドに行く準備を始めた。一番の課題は、インドで何に焦点をあてて調査をするか、テーマを設定することだった。とにかく書かれたものを片っ端から読むことにしたが、南インドの音楽に限ると、まとまった研究の数はそれほど多くなかった。歴史学、人類学など他分野の研究も順に読んでいった。書物と並行して、音楽図書館が所蔵している南インド音楽のレコードをすべて注意深く聴くことにした。貸し出しはできないが、どんなレコードでも図書館の視聴覚ブースで聴くことができた。当時、インド政府は、南アジア研究センターをもつアメリカの大学に、毎年インド関連の図書やレコードを大量に寄贈していた。実際に何を受け入れるかはそれぞれの大学に任されており、幸いなことに、ワシントン大学はレコードも相当数受け入れていた。民族音楽学科があったからだろう。

そのなかで出会った一枚のレコードは、強い印象を残し、調査テーマを決める際の大きなきっかけになった。緑色の背景に二人の音楽家が長い管楽器を胸元で構えているジャケットのデザインは、今でもはっきりと思い出すことができる。「マドゥライ兄弟によるナーガスワラムの演奏」と書かれていた。聞こえてきた音に、まず驚いた。音が、まるで生き物のように自分の意思をもち、演奏しているはずである音楽家が、その音を手なずけるのに必死になって格闘している姿が目に浮かんだ。ワーナーのアニメにでも出てきそうな音と演奏者のイメージは、少しコミカルにも感じたが、すっかり虜になった。この音楽は、どこで、誰が、どんな時に演奏しているのだろう。図書館をくまなく探したが、ほとんど情報がない。音楽事典などに断片的な記載はあるものの、研究らしい研究は皆無だった。インド音楽の研究者にも問い合わせたが、わかったのはアメリカ人のS教授が一九六〇年代にマドラスでナーガスワラムを習っていたことぐらいだった。この教授は、コルゲート大学で教鞭をとるオーボエ奏者で、その時の体験を記した短いエッセイを発表していた。レコードのライナーノーツには、ナーガスワラムは寺院や結婚式には不可欠な楽器であることが記されていた。重要なのであれば、なぜ本格的な研究がなされてこなかったのかという素朴な疑問が生まれた。そして、研究されていないのなら自分で調べてみようと考えた。

南インドの古典音楽は、一九五〇年代末、民族音楽学の研究拠点が北米各地に設立された際に、最初期に紹介された音楽の一つである。コネティカット州のウェスリヤン大学では、南インド出身の音楽家が、一九六〇年代から現在にいたるまで中断することなく教鞭をとってきた。カナダのトロント市にあるヨーク大学でも、一九七〇年代初めから絶えることなく教えられている。かれらが北米で録音した音源がノンサッチ社からリリースされていたので、民族音楽学の授業でも教材として頻繁に用いられていた。実際、私もこのようなレコードのなかの数曲を採譜し、太鼓の伴奏を分析してシニアペーパー（学部の卒業論文）を書いた。

インドでの調査の方向性を考えていたとき一番大きな影響を受けたのは、私の指導教官となるダニエル・ニューマン先生からだった。ニューマン先生は、北インド古典（ヒンドゥスターニー）音楽を専門とする人類学者で、一九八〇年に *The Life of Music in North India : The Organization of an Artistic Tradition* を上梓したことで知られていた。インド音楽を研究するそれまでの民族音楽学者は、特定の音楽ジャンルや楽器の演奏に焦点を合わせ、音楽の構造に関する理論と実践を解明するために膨大な精力を費やしてきた。それに対し、ニューマン先生の研究は、北インドの古典音楽界を一つの文化システムととらえ、人類学的視点から検討した画期的な仕事だった。特に音楽家の社会組織が、演じられる音楽にどのような影響を及ぼしうるのかについて、ガラーナーとよばれる流派や演奏コンテクストの変化などとの関連から分析しており、その後の英語圏における南アジア音楽研究に大きな影響を与えた。ニューマン先生の研究に大いに刺激された私は、南インドで同様のアプローチで調査することが可能かどうか考えた。音響としての南インド音楽は、演奏家やパトロンたちの社会関係とどのような関係をもっているのだろうか。楽理的な研究はあったが、音楽家や音楽のパトロンについての研究は、著名演奏家の伝記を除いてほとんど存在しなかった。

一九八〇年、ニューマン先生が、アイヴィーリーグの名門校ダートマス大学から、ワシントン大学に赴任してきたのは、私にとって大きな幸運だった。彼がスタッフに加わることで、民族音楽学科の四人の常任教員のうち三人までが南アジアに関わることになり、この地域に特化した研究拠点が築かれていった。ちなみにあとの二人は、冒頭で述べたアフガニスタン音楽研究のロレイン・サカタ教授と、チベットやスリランカの仏教音楽を専門としていたテア・エリンソン教授だった。シアトル周辺のインド人コミュニティとも協力関係が築かれ、キャンパス内外で数多くのコンサートやワークショップが開かれるようになった。特に、ラーガマーラと呼ばれる音楽協会とは緊密な連携がとられ、かれらの尽力でインドの有名音楽家、舞踊家たちが定期的にシアトルを訪れるようになった。そのなかには、南インド音楽の公演もあり、私もインドから訪れた演奏家たちと知り合うことができた。

ニューマン先生の北インド古典音楽文化に対する人類学的な視点は魅力的だったが、南インドの場合は、歴史的背景や社会構造が大きく異なるため、先生のアプローチをそのまま適用することはできなかった。北インドの音楽家の社会関係は、ヒンドゥー教徒とイスラム教徒の交流と競合の文脈で分析されてきたのに対し、南インドの場合は音楽家やパトロンの大多数がヒンドゥー教徒であり、かれらの社会関係はカースト間の競合と不可分である。音楽家のカースト帰属にふれている先行研究はあったが、カースト間の関係についてはほとんど情報がなかった。

フィールドワークのための調査費用申請をする際には、ニューマン先生の研究を下敷きにしながら、「南インド音楽文化の民族誌」という、包括的だがやや漠然とした研究計画を提出した。南インドの音楽には少なくとも三つの源流があることが先行研究によって言及されており、それらがどのように影響しあって現行の古典音楽を形成していったのかを当面のテーマに据えていた。先行研究が少なく、また私自身の南インド社会に関する知識が乏しかったため、それ以上具体的に課題を設定することができなかったからだ。

研究のテーマを決める際には、より現実的な側面を考慮する必要もあった。インドに滞在できるのは、長くても二〜三年である。もうすでに、T・ヴィシュワナーダン（後述）のような第一級のインド人演奏家が、民族音楽学を学んだうえで博士論文を書いていたから、一〜二年音楽を学んだくらいで、演奏の分析に基づいた博士論文を書けるなどと思うことすらおこがましかった。しかしその一方で、音楽そのものの理解が進まなければ、演奏家たちの世界に入っていくことはできない。いろいろと思いあぐねた末、音楽の実技を継続して学びながら、様々な演奏の場を記録し、インタビューなどで演奏家から情報を収集する方法をとることにした。この方法は結果として誤った選択ではなかったが、師匠について音楽を学びながら、並行して調査をすることには様々な問題がつきまとった。

南インドの音楽

話を進めるまえに、南インド音楽の大まかな輪郭を見ておくことにしよう。南インドのヒンドゥー社会における音楽には、二つの大伝統がある。一つは、ペリヤ・メーラム音楽とよばれ、南インドを代表する儀礼音楽である。ヒンドゥー寺院で行われる儀礼や祭礼の一部として演奏される

写真4　ペリヤ・メーラムのアンサンブル形態。左から、タヴィル（主）、スルティボックス、ナーガスワラム（主）、ナーガスワラム（副）、ターラム、タヴィル（副）。ナーガスワラム奏者は、タンジャーヴール・コーダンダパーニ。マドラス市、1989年。

とともに、その音楽は結婚式などの人生儀礼においても欠かせない。ペリヤ・メーラムは器楽ジャンルであり、そのアンサンブルは、旋律楽器のナーガスワラム（ダブルリード楽器）、リズム伴奏楽器のタヴィル（樽型の両面太鼓）、ターラム（二枚一組の小型シンバル）、スルティボックス（持続音を演奏するフリーリード楽器）から構成される。正式な演奏では、ナーガスワラム二名、タヴィル二名、ターラムとスルティボックス各一名の、計六名で構成されるが（写真4）、寺院における日々の礼拝などでは簡略な構成になることも多い。

ペリヤ・メーラム音楽はカルナータカ、アーンドラ・プラデーシュ両州の北部を除いて、南インドのほぼ全域で演奏されているが、その中心地はタミルナードゥ州、特にその内でも中部のタンジャーヴール県とその周辺地域である。タンジャーヴール地方は少なくともチョーラ王朝期（九〜十三世紀）以来、音楽・芸能の中心地であり、ペリヤ・メーラムだけでなく、以下に述べる古典音楽の源流となる音楽が形成されたのも、この地域だった（地図）。

もう一つの伝統は、古典音楽（シャストゥリア・サンギータ）として知られ、宮廷や寺院で歌われていた宗教歌謡をもとに、ペリヤ・メーラム音楽、舞踊伴奏音楽の要素を取り入れながら発展し、十九世紀末までに舞台芸術として成立するようになった。特に、古典音楽の特徴といわれている即興演奏の技法や複雑なリズム演奏は、ペリヤ・メーラム音楽から取り入れられたものである。

ペリヤ・メーラム音楽同様、古典音楽もタンジャーヴールで大きな発展を遂げたが、最大のパトロ

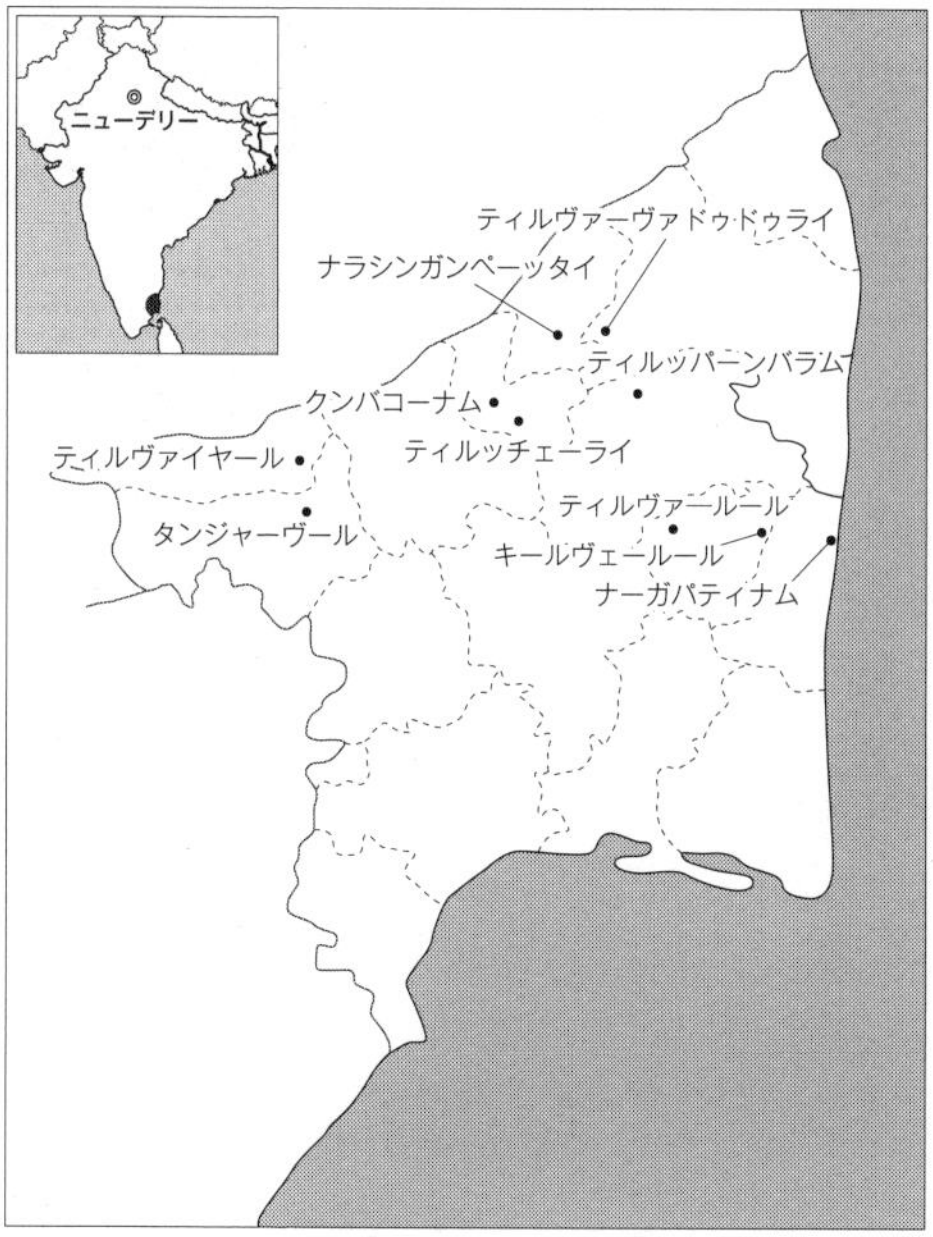

地図2　タミルナードゥ州タンジャーヴール県

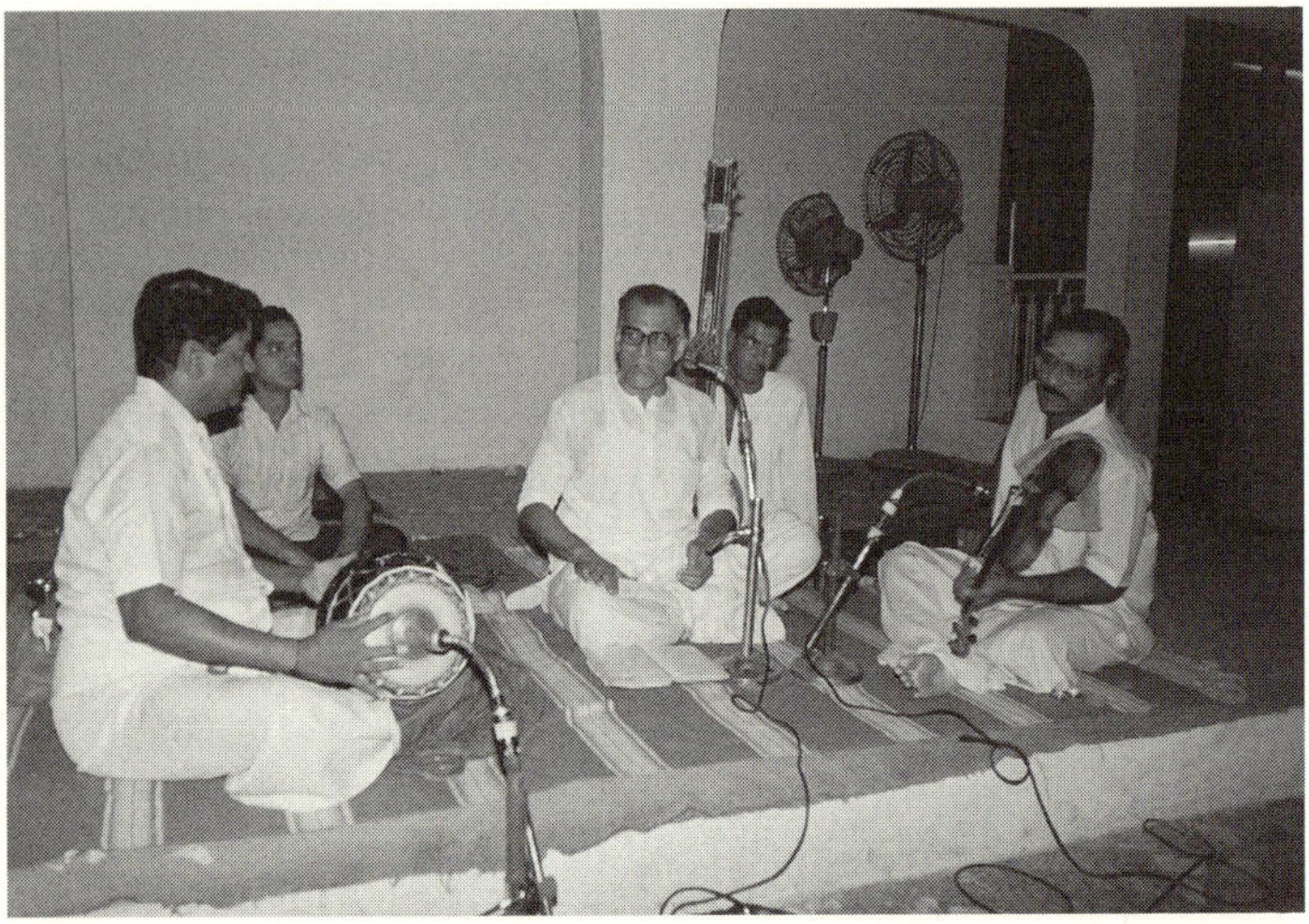

写真5　古典音楽のもっとも基本的なアンサンブル形態。ソロイスト（中央）の声楽を、ヴァイオリン（右）とムリダンガム（左）が伴奏を行う。声楽家の後ろにいるのは持続音を演奏するタンブーラー（弦楽器）奏者。声楽家は、私が敬愛するG・S・マニさん。マドラス市、1993年。

ンであった宮廷の衰退により、十九世紀末から二十世紀の初めにかけて中心地がマドラスに移った。古典音楽は、会員制の音楽協会により企画されるコンサート（カッチェーリ）が主な演奏の場である。マドラスには音楽協会（サンギータ・サバー）が数多くあり、それぞれが一年を通して定期的に公演を開いている。特に、タミル暦のマールガリ月（十二月〜一月）には、音楽協会が一斉に音楽舞踊祭を開催し、合計すると一ヶ月ほどの間に二千以上の公演が開かれる。この一大イベントは「音楽シーズン」の名称で親しまれており、インド各地から音楽ファンが集まるだけでなく、国外の南アジア系コミュニティからの参加者も増えている。まさにマドラスの冬の風物詩である。

古典音楽の最も基本的なアンサンブルは、声楽のソロイストと器楽伴奏者から構成される（写真5）。声楽は南インド音楽全体の規範とされ、施律楽器の演奏は声楽に基づいている。器楽の伴奏は、旋律とリズムに分かれ、前者はヴァイオリンが担当することが圧倒的に多い。西洋を代表するこの楽器は、二百年近く前にインドに紹介されたが、インド音楽の演奏に適合するように、構え方、調弦、演奏法が工夫され、今では古典音楽に欠かせない伴奏楽器となった。二十世紀の半ば頃からは、主奏楽器として演奏されることも増えている。リズム伴奏は、主にムリダンガム（両面太鼓）が担当するが、ソロイストや公演の主催者の好みによって、その他のリズム楽器が追加されることがある。カンジーラ（片面太鼓）とガタム（素焼きの壷）が代表格であり、珍しいものではモルシンと呼ばれる口琴がリズム楽器として使われることもある。すべてのリズム伴奏楽器は、ソルカトゥと呼ばれる口唱歌を使って学ぶ。その口唱歌をそのまま口で唱えることでリズム伴奏を行うことをコンナッコルと呼ぶが、今日ではこの演奏家は極めて少ない。

古典音楽の中心地はマドラスを代表とする大都市に移ったが、ペリヤ・メーラム音楽は活動の基盤が寺院にあるため、タンジャーヴール地域が依然としてその中心地とみられている。それは、過去のペリヤ・メーラムの名演奏家たちがほとんど例外なくこの地域の出身者であるからだけではない。現在でも他地域の奏者たちが、タンジャーヴール地域に住む師匠に弟子入りすることが多いことからも伺える。

ペリヤ・メーラム音楽と古典音楽は相互に影響しあいながら現在の形態が形成されてきた。そのため、共通する音楽要素（音の基本構造、音楽用語や理論、楽曲、演奏の形態）をもつが、演奏の場、演奏される楽器、演奏家や愛好家のカースト帰属やジェンダーなどの点で大きく異なっている。

ちなみに、「古典音楽」というと相当長い歴史をもつように聞こえるが、今日演奏されている古典音楽は、十九世紀末から二十世紀初頭にかけて新たに演奏形態やスタイルが整えられたもので、古典音楽という名称も一九三〇年代に定着した。古典音楽が成立した背景には、インド独立に向けたナショナリズムの台頭があった。宗主国であるイギリスの文化に対抗しうるインド自前の文化を創りだすことが意識され、インドの「古典」音楽も、西洋古典音楽に匹敵する自前の文化として整備されていった。永劫不変のイメージをもつインド古典音楽は、その成立の背景に、植民地の経験とナショナリズムが深く関係していたのである。

音楽とカースト

古典音楽とペリヤ・メーラム音楽は、カースト帰属の異なる演奏者や愛好家によって継承されてきた。そのなかで特に重要であるのは、ブラーマン、イサイ・ヴェーラーラル、マルットゥヴァルという三つのカースト集団である。演奏家の中には、他のカーストに属するものや、イスラム教徒やキリスト教徒も少数存在するが、本書に登場するのは、これら三つのカーストに属するヒンドゥー教徒の音楽家たちである。

ブラーマンは、カースト制度の最上位に位置しており、古典音楽の演奏家やパトロンの大多数を占めるだけでなく、ペリヤ・メーラム音楽の最も熱心な愛好家でもある。ラルマン夫妻の統計的調査（一九八三）によると、一九二〇年代から一九七〇年代にかけて、ブラーマンは古典音楽の演奏家の六十〜七十パーセントを占めていた。この統計では、全員が非ブラーマンであるペリヤ・メーラム音楽の演奏家も古典音楽家に含められているため、ブラーマンの古典音楽で占める割合はさらに大きなものとなる。愛好家やパトロンのカースト比率のデータはないが、少なくとも演奏家の占める割合と同程度もしくは、それよりも高いと考えられる。統計上の数字にかかわらず、古典音楽はブラーマンの文化領域であるとする考えは、広く非ブラーマン・カーストの人々に受入れられている。イサイ・ヴェーラーラルの古典演奏家も存在するが、かれらはブラーマン主導の音楽文化に同化するか、もしくは距離をおいて活動している。ブラーマンは、ペリヤ・メーラム音楽の演奏には従事せず、非ブラーマンの音楽家にその演奏を依存している。その一方で、ブラーマンの音楽の好みや鑑識眼、そしてそれに伴う経済的な支持・支援は、ペリヤ・メーラム音楽が今日まで存続してきた大きな要因の一つとなっている。

イサイ・ヴェーラーラルは、タミルナードゥ州において最も有名な音楽職能カーストであり、ペリヤ・メーラム音楽の最も正当な継承者を自負している。事実、二十世紀半ばまで、歴史に名を残す演奏家はほぼ例外なくこのカーストの出身であった。州の中東部にあるタンジャーヴール県とその周辺地域に集中しており、遅くとも、この地域を中心に栄えたチョーラ王朝（九―十三世紀）の時代より、寺院に所属して音楽・舞踊を生業としてきたことが、石刻文に記されている。

イサイ・ヴェーラーラル（「音楽の耕作者」）は、遅くとも一九三〇年代末までに考案された自称であるが、公的文書にこの名称が登場するのは一九五〇年である。それまでは「メーラムの演奏者」を意味するメーラッカーランと呼ばれていた。マドラスを含むタミルナードゥ北部地域では床屋カーストの楽師たちが、同じ名称で呼ばれることが多く、かれらとの違いを明確にすることも、新しい名称に移行する動機の一つだったと言われている。

タンジャーヴール地域には、遅くともチョーラ朝時代より、寺院で舞踊を奉納する女性たちの集団が存在した。寺院儀礼の伴奏をするペリヤ・メーラム（大きな楽団）に対して、舞踊とその伴奏音楽はチンナ・メーラム（小さな楽団）と呼ばれた。女性舞踊家たちは、神に仕える女性を意味するデーヴァダーシと呼ばれ、独特の母系集団を形成していた。デーヴァダーシは、儀礼的に神と結婚するため、世俗の結婚をしないが、特定のパトロン（既婚で裕福な高位カースト出身者）と継続的な関係を結び、その間に生まれた子供たちは、女子であれば舞踊家に、男子は舞踊の伴奏をする音楽家、またはペリヤ・メーラムの演奏家になることが多かった。

デーヴァダーシの婚姻形態が、前近代的な、そして非道徳的な因習として十九世紀末より批判され、激しい廃止運動が展開された。活動家たちは、法的な規制を求めるとともに、デーヴァダーシを庇護していた階層への啓蒙運動を並行して展開し、二十世紀初めに、寺院舞踊を奉納する制度は消滅した。ペリヤ・メーラムの家系とチンナ・メーラム（デーヴァダーシ）の家系には通婚関係があり、同一のカーストとして考えることは可能であるが、イサイ・ヴェーラーラルの名は、寺院舞踊の制度がほぼ消滅した後で採用された、後付けの名称である。

寺院における奉納舞踊の伝統は、反対運動により衰退したが、舞踊の消滅を憂う文化人たちにより再生運動が起こった。一九三〇年代から四〇年代にかけて、特定の職能カーストが担っていた舞踊が、高位カースト（特にブラーマン）が実践する舞台芸術に生まれ変わった。デーヴァダーシたちは寺院舞踊の廃止により失業することになったが、それまでに蓄えた音楽や舞踊の素養を生かし映画や古典音楽の世界に活路をみいだすものも大勢いた。高位カーストの間では、女性が公の場にでることに大きな抵抗があったので、女性の俳優や音楽家はデーヴァダーシの家系出身者が多かった。そのなかでも、ブリンダ先生の祖母にあたるダナンマルの一族は、優秀な音楽家、舞踊家を多数輩出したエリート一族であった。

第三のグループは、マルットゥヴァルと呼ばれる床屋カーストである。床屋カーストは、調髪やひげ剃りだけでなく、民間医療や助産に従事し、顧客の人生儀礼において様々なサービスを提供するカーストを指し、インド各地に広く存在している。床屋カーストは音楽演奏に携わる場合も多く、タミル人の床屋カーストであるマルットゥヴァルは、タミルナードゥ州の北部地域におけるペリヤ・メーラム音楽の主な演奏者である。

南インド古典音楽文化はタンジャーヴール地方を中心に伝承されてきたために、周縁に位置してきたマルットゥヴァルの音楽は、技量と芸術性の両面で劣っているとみなされてきた。彼らが、二十世紀後半からペリヤ・メーラム音楽の領域で躍進を果たすことができたのは、古典音楽の活動の中心がタンジャーヴール地方からマドラスに移ったことを背景にしている。そのため、マルットゥヴァルとイサイ・ヴェーラーラルは、ブラーマンの庇護をめぐってライバル関係にある。

音楽家の名前

南インドの音楽家の名前には、多くの情報が含まれており、かれらが自分のアイデンティティをどのように捉えているかを知る一つの手がかりとなる。男性の場合、原則として、（1）出身地名、（2）父親の名前、（3）自分の名前、（4）カースト名の四つの部分から構成される。私の師匠の一人であったラッチャッパー先生はこの典型で、正式名はティルヴァールール・スワミナーダン・ラッチャッパー・ピッライとなる。ティルヴァールールは出身地、スワミナーダンは父親の名前、ラッチャッパーは自分の名前、ピッライはサイ・ヴェーラーラルのカースト名である。

出身地や父親の名前は頭文字で代用されることが多く、上の例の場合、T・S・ラッチャッパー・ピッライと記されることになる。また、父親の名前の前に祖父や曾祖父の名前の頭文字を年代順に追加することもある。特に彼らが著名な音楽家の場合には、その傾向が強い。たとえば、M・P・N・セードゥラーマンの場合、マドゥライ（出身地）・ポンヌサーミ（祖父の名前）・ナテーサン（父の名前）・セードゥラーマン（自分の名前）からなる。祖父のポンヌサーミが一世を風靡した大演奏家であったことから、常に名前の一部として使われている。

ペリヤ・メーラム演奏家のカースト名では、イサイ・ヴェーラーラルのピッライのほか、テルグ人の床屋カーストであるナーイドゥがよく知られている。タミル人の床屋カーストであるマルットゥヴァルや、カンナダ人の床屋カーストであるバジャントゥリは、カースト名を用いない。低カーストであるので名乗るメリットが少ないのだろう。近年は、カーストに関わらずカースト名を省くことが多いが、ピッライを名乗る演奏家は、床屋カーストとの違いを強調していると考えられる。

古典音楽の演奏家の大多数を占めるブラーマンは、シヴァ派とヴィシュヌ派に大別され、それぞれアイヤル、アイヤンガルという異なるカースト名を用いる。音楽界の重鎮として活躍した声楽家のセンマングディ・R・スリニヴァーサ・アイヤル（一九〇八―二〇〇三）やアリヤックディ・T・ラーマヌジャ・アイヤンガル（一八九〇―一九六七）らが有名である。

女性の演奏家の場合は、カースト名はつけない。ブラーマンの場合は、父親の頭文字、デーヴァダーシ家系の演奏家の場合は、母系社会を反映して母親の頭文字をつけることが多い。たとえば、「南インドのナイチンゲール」といわれた著名声楽家、M・S・スッブラクシュミの場合、同じく声楽家だった母親のシャンムカヴァディヴの頭文字をつけている。

　また、誰もが知っているような有名音楽家の場合、名前全体をイニシャルで表すことがある。声楽家のGNB（G・N・バーラスブラアニアム）や、ナーガスワラム演奏家のTNR（T・N・ラージャラッティナム・ピッライ）などが有名な例ある。この場合カースト名は入れない。稀なケースとして、先にあげた声楽家のM・S・スッブラクシュミは、自分に与えられた名前も省略され、出身地名と母親の名前のイニシャルだけを組み合わせてMSと表現される。MSのタイトルを使った伝記が存在するだけなく、彼女が好んだ青色のサリーは、MSブルーという名前で広く知られ、今でも人気がある。

第三章　古典音楽を習う

調査を始める

私は、日本の大学に籍をおいていなかったので、学術振興会など日本の研究資金を期待することはできなかった。しかし、その一方でアメリカでは留学生に海外調査の資金を出してくれる奇特な財団はほとんどなかった。通常、社会科学の分野で、博士論文執筆のための調査費を出していたのは、フルブライト財団と社会科学調査機構（ＳＳＲＣ）だったが、どちらも国籍または永住権を応募の条件としていた。

幸い、米国インド研究機構 American Institute of Indian Studies から調査費をいただくことができ、一九八六年三月にインドへ向かった。この機構は、アメリカの大学に一定期間在籍していることだけを応募資格にしており、私のような留学生にとってはありがたい制度であり、頼みの綱であった。この機関は非政府組織であるが運営資金のほとんどを連邦政府から得ていたので、日本国籍の私はアメリカの公的資金をつかってインドで調査をすることになった。

当時、米国インド研究機構はマドラスに事務所をもっており、私も到着後すぐに挨拶にいった。偶然だが、当時の所長だったパップ・ヴェーヌゴーパーラ・ラオさんは音楽学者だったので、私の調査にも個人的に興味をもってくれた。長期調査には受入機関が必要であるため、機構をとおしてマドラス音楽院（ミュージック・アカデミー・マドラス）の事務局長だったT・S・パールッタサーラティさんにお願いしてあった。言語に非凡な才能をもつ音楽研究者で、南インドで最も有名な作曲家ティヤーガラージャ（一七六七―一八四七）の研究で有名だった。特に、ティヤーガラージャのテルグ語楽曲のタミル語への翻訳と解説は、現地の音楽研究の基本的な参考文献になっていた。また、私が興味を持っていたナーガスワラムについても小論文を書いていた。パップ・ラオさんは、現在マドラス音楽院の事務局長を務めており、パールッタサーラティさんの役職を継いだかたちになっている。私は、のちに、音楽家のカースト関係について論文を書き、一部の音楽研究者や愛好家から不評を買った。それでも、私のことを「やんちゃな弟分」として交流を続けてくれているのは、彼の度量の広さだと勝手に解釈している。

関係機関への挨拶を終えると、生活の態勢を作らなければならない。ブリンダ先生の紹介で小さな家を借りることにした。場所はマドラスの南部にあるティルヴァーンミユール。市内ではあったが、当時は町のはずれにあり、さらに南に行くと畑や空き地が広がっているのどかな地域だった。この場所を選んだのはブリンダ先生の家に近いからで、バスで乗り換えなしに行くことができた。また、バスの終着駅がすぐ近くにあったので、混む路線に乗るときも座ることができた。

はじめの一週間は、生活の態勢を整えることで精一杯だった。ブリンダ先生と一緒に生活していた次男夫婦（サウンダーとジャムナー）に付き添ってもらい、寝具やテーブル、ガスコンロ、調理器具などを次々に買いにいった。また、ブリンダ先生の家に来ていたお手伝いさんにお願いして、一日に数時間だけ来てもらうことになった。家事はできるだけ自分でしようと考えていたが、かなりの時間を取られるため現実的ではなかった。ブリンダ先生にもそんな時間があるのなら練習しなさいと諭された。

お手伝いさんの名前はギリジャーといい、長い間ブリンダ先生の家で仕事をしているので信用できた。私よりもすこしだけ年上の明るい女性で、話をするのが大好きだった。タミル語の練習も兼ねて、彼女が手すきの時に、よくおしゃべりしたものだった。彼女はマルットゥヴァル・カーストの出身だが、それを知ったのはしばらく経ってからのことだった。時と場合によるが、一般的に面と向かって本人に帰属カーストを尋ねることは憚れるので、職業や居住地域で類推したり、第三者にそれとなく聞くことが普通だった。

私がマドラスに到着したのは三月の末。四月から六月は一年で一番暑い季節で、日中はうだるような暑さになった。インドの旅行ガイドブックには、マドラスには三つの季節があり、「暑い」「より暑い」「もっとも暑い」だと冗談めかして書いてあったが、夏期のマドラスは本当に過酷だった。家にエアコンはなく、天上につけられたガタガタと音を立てて回る扇風機が唯一の救いなのだが、当時は停電も多く、そうなると団扇片手に我慢するしかなかった。一日中汗をかくので、何度も水浴びをした。日中はあまりに暑いので、町の中心部にある高級ホテルのロビーに避難したこともあったが、ホテルの冷房は効きすぎていて外気との温度差が大きく、かえって体調を崩しやすくなったので行かないことにした。一年目の経験から、二年目の夏は、マドラスを離れる調査計画を立てた。タミルナードゥ州の北西に位置するカルナータカ州の州都バンガロール（現ベンガルール）は高原の町で、マドラスよりかなり涼しかったので、この時期に合わせて地域周辺の音楽家の聞き取り調査をすることにした。

家の裏の空き地には小さな池があり、時おり蚊が大量に発生した。窓には一応網がついていたが、そこかしこに小さな孔や隙間があり、それらを防ぐのに苦心した。蚊が怖いのはマラリアなどの感染病を運んでくるからだ。蚊帳を使えば暑すぎて眠れないので、部屋を閉め切り、寝る直前にできるだけたくさんの蚊を殺すのが日課になった。おかげで蚊を見つけて殺すことが自分でもビックリするほど上手になった。家のなかにゲッコウがよく入ってくるのだが、この薄緑色のヤモリは人間に害がないだけでなく、蚊を食べてくれるので、姿を見るたびに「頑張れ」と言いたい気分になった。ククッという鳴き声が「わかったよ、任せな」と言っているように聞こえた。今でも、ゲッコウを見ると、旧友に出くわしたような懐かしい気分になり、「あの時は本当にお世話になりました」と言いたくなってしまう。ちなみに、南インドにはゲッコウ占いがあり、天井からゲッコウが人間の身体の上に落ちるとその部位により運勢がわかるという。ただの迷信であるという人も多いが、この小動物は昔から親しまれた存在なのだろう。

新居で過ごす最初の夜、買ったばかりのマットレスに横になると、急に疲れが出たのか全く動くことができなくなった。虫の音や水牛の鳴き声に混じって、どこからともなく歌が聞こえてきた。

ラウドスピーカーを使っているのか、音がすこし割れていた。全く何を歌っているのか分からなかったが、近くにシヴァ派の古刹があると聞いていたから、そこから聞こえてくるのかもしれない。遠いところへ来たなあと一瞬感傷的になったが、すぐに眠りに落ちた。

インドの朝ははやい。そして、日中のうだるような暑さが嘘のように清々しい。この貴重な時間を逃したくないので、もともと夜型の私も朝早く起きるようになった。もっとも、家の密閉性が高くないから、外の音がよく聞こえ、ニワトリやウシが私の耳元で朝を告げてくれた。今では州政府の条例により大きな動物たちは市内から閉め出されてしまったが、私がマドラスに住んでいた八〇年代半ばには、家の前をウシや水牛が悠然と通りすぎたものだった。広い車道を我が物顔でゆっくりと歩いたり、道の真ん中に寝そべったりしていた。かれらをうまく避けて通るのも運転手の技術のうちだった。

毎朝牛乳売りがウシを連れて近所を回って来る。容器をもって外にで、絞り立てのミルクをもらい煮沸する。ギリジャーに煮沸したミルクでコーヒーを入れてもらい、新聞に目を通す。暑くなる前の僅かな時間はさわやかだ。いつもこのように一日が始まった。ギリジャーには、買い物、料理と掃除をしてもらった。私は料理に興味があったので、ときどき台所におしかけて南インド料理の基本を教えてもらった。その時教わったオクラやカリフラワーのポリヤル（炒めもの）、レモンライス、ヨーグルトライスなどは今でもよく作る。

洗濯物は、ヴァンナーン（洗濯屋）が毎朝戸口にやってきて汚れ物を集め、夕方には届けてくれた。飲料水をタンクローリーで配給に来ると、近所の女性たちがプラスチックや金属性の容器をもって、一斉に水をもらいに集まる。待っているあいだ時間があるので、いろんなゴシップが飛び交う。ペットボトルはまだ一般的ではなく、また水道水をそのままつめて売っているという噂もあり、使う気にならなかった。

師匠の家に通う

どうにか生活の基盤ができたので、調査の進めかたを考えなければならない。インド滞在中、ブリンダ先生にヴィーナを習い続けようと決めていた。ヴィーナの音楽を、博士論文の直接のテーマにするわけではなかったが、学び続けることで古典音楽への理解を深める必要があった。主要テーマと決めていたペリヤ・メーラム音楽は、古典音楽と相互に影響を与えながら発展してきたため、その両方を知らなければ全体像が見えてこないと考えた。

ブリンダ先生には、ペリヤ・メーラムの調査をするために、一ヶ月のうち一週間ほどはマドラスを不在にすることを承諾してもらった。ブリンダ先生からすれば、片手間に音楽を学ぶことは邪道だろうし、音楽を子供の頃から学んだ上で論文のテーマを考えるインド人の学生と比べても、いかにも経験不足であるように感じた。しかし、現実的には、限られた時間でできることに集中するしかないと考え、二本立ての調査をすることにした。幸い、ブリンダ先生はアメリカの大学で教鞭をとった経験があったので、研究費に対するノルマについても理解してくれていた。

ブリンダ先生の提案で、私がマドラスにいるときは、一日ごとに先生の家で稽古をつけてもらうことになった。先生は毎朝プージャ（神への礼拝）をするので、それが終わる八時頃に着くように、バスに乗っていく。ブリンダ先生の家はベサント・ナガルと呼ばれる閑静な住宅地にあり、音楽家としての名声を考えると小さく質素だった。平屋で、台所とトイレの他には、ダイニングルームを兼ねた居間と寝室が二つあるだけだった。先生の部屋は家の前方にあり、次男夫婦が奥の部屋を寝室にしていた。表通りでバスをおり、そこから一本奥に入った通りを歩いていくと数分でつく距離だ。通りの両側に木が植えてあり、暑い日でも、木陰を歩いていくことができた。比較的道幅が広く、ブリンダ先生の孫のブッジュが、よく家の前で近所の子供たちとクリケットの練習をしていた。

到着すると挨拶もそこそこに、居間の一角にヴィーナを運び、調弦する。この楽器は大きく持ち運びが大変なので、先生のうちにおいてある練習用の楽器を使わせてもらった。先生と向き合って座り、レッスンを受ける。ブリンダ先生の使っていたヴィーナは、祖母のダナンマルが愛用していたものを形見として受け継いだものだ。このヴィーナは普通より小振りで軽かったが、よく響く深い音がした。また小柄なブリンダ先生が構えるとよく似合った。

音楽について口で説明されることは少なく、先生が弾く音楽をひたすら節ごとに真似る。短い節ごとに学んでいくので、はじめは曲の構造などは全く分からない。先生が弾く一節に全神経を集中して真似るだけだ。うまく真似ができないと、彼女がよしというまで何度も、何度も繰り返す。この間、言葉による指導はほとんどなく、時折「このように弾きなさい」「これではダメ」と言われ

写真6　ブリンダ先生（右）の自宅でのレッスン風景。向き合って座り、先生の弾くフレーズごとに繰り返す。私もこの場所でヴィーナを習った。マドラス市、1986年。

る程度である。他の弟子に稽古をつけているのを見せてもらったことがあるが、教え方は私の場合とほとんど同じだった（写真6）。

インド古典音楽には、西洋音楽のドレミのように音を表すシラブルがある。基本となる第一音の「サ」から、上に向かって順に「リ」「ガ」「マ」「パ」「ダ」「ニ」というシラブルを使って音を表す。音を口で表現するときには、これらの音階名をもちいて表現する。

「インド古典音楽はラーガの音楽だ」と言われるように、ラーガはインド古典音楽の核になる考え方の一つで、旋律を司る。ラーガには、音階の側面があり、一つのラーガを音階名で表すことができる。たとえば、マーヤーマーヴァラガウラというラーガがある。舌をかみそうな長い名前だが、声楽であれ器楽であれ、初心者が最初に習う基本のラーガである。私も、ブリンダ先生に最初に習ったのはこのラーガだった。このラーガの音階だけを示すとサ―リ♭―ガ―マ―パ―ダ♭―ニ―サとなる。ラーガでは、どの音を使うのかだけでなく、音から音への移動の仕方が決まっている。サからリ♭に移動するときには、サからはじめて徐々にリ♭に音をあげる。リ♭からガに移動するときは、リ♭とマの間で音を揺らすなど、それぞれ決まりがある。このように、使うことのできる音の高さと音の運用のルールが、それぞれのラーガに独特の情感や雰囲気を作り上げている。

ラーガに慣れるために様々な音階の練習があり、それを順番にマスターすることで、音の動きを体得していく。音階の練習が一通り終わると、そのラーガで作曲された練習用の小曲（ギータム）を学び、それから実際の公演でも演奏することができる楽曲ジャンル（ヴァルナム、クリティなど）を学んでいく。私は、インドでの滞在期間が限られていたので、ブリンダ先生は通常よりもハイペースで曲を教えてくれた。

一日のレッスンが終わると、ブリンダ先生は、その日に学んだ曲を音階名で復唱してくれた。メモを取るように促されたが、その書き方を教えてくれる訳ではない。ただ書きなさいと言われるので、後で思い出しやすいように、工夫しながら書いていった。メモ書きの域を超えなかったが、これがなければ思い出せないことも多く、あとで役に立った。短い楽曲ならば一日で一曲教えてくれることもあったし、二～三回に分けて教えてくれることもあった。次のレッスンでは、前回に覚えた曲のおさらいをし、間違いなく弾けることを確認してから、次の曲に進んだ。何曲か覚えると少し前に戻って数曲を復習することもあった。
ちなみに、ブリンダ先生のレッスンでは、録音は御法度だった。録音があると頼ってしまい集中力が落ちるという理由もあるが、先生には自分の音楽が録音され、人手にわたることに強い抵抗感があったようだ。ブリンダ先生の歌を録音して市販することをレコード会社が幾度も提案したらしいが、すべて断ったという。同世代の声楽家たちは多数のＬＰレコードやカセット録音を販売しており、それが人気のバロメーターにもなっていたのだが、ブリンダ先生の録音が生前に市販されることは一度もなかった。亡くなってから、ヴェーガ先生がいくつかの音源をＣＤ化して販売するようになったが、ブリンダ先生自身は、録音再生技術のない時代の音楽の伝承方法に最後まで拘りをもっていた。

向き合って教わるレッスンが終わっても、その日習った曲をその場で復習するように言われた。彼女は他の用事をするために一旦その場を去るのだが、私がすこしでも間違うと、「そこは違う」とすぐに指摘された。休むと「弾きなさい」という声が飛んできた。一通り間違えないで弾けるようになると、その日の練習が終わる。頃合いを見計らって、ジャムナーがチャイ（砂糖入りのミルクティー）を持ってきてくれる。レッスンの後の一杯は普段にもまして美味しかった。音に集中しているので、人間には味覚もあったのだと再発見するような気分になったものだ。あまり暑くない日には、家の前のベランダに籐椅子を出して座り、ブリンダ先生やジャムナーと、しばらく雑談をしてから、昼食をとりに家に戻る。

ティルヴァーンミユールの自宅まで、その日習った曲を口ずさんだり、頭のなかで復唱しながら帰った。ブリンダ先生から教えてもらった曲は、初心者が学ぶ短い楽曲がほとんどだったが、彼女の手にかかると、このうえなく美しい音楽に聞こえた。魅力的な曲を次から次へと教えてくれるので、なんて自分は幸せ者なのだろうと感じながら家路についた。シアトルで初めて習ったときには全くといっていいほど良さが分からなかった音楽が、花の蕾のように、少しずつ目の前で開いていく感じがした。

家に帰ってギリジャーが作り置きしてくれた昼食を食べ、すこし休んでから、また練習をしたり、本を読んだりした。そのまま出かけない日は、夕方や夜もヴィーナの練習をした。ヴィーナを演奏するときには、左手の指先にココナツオイルを少量つける。弦の上で指をスライドさせることが多いので、オイルがないと滑りが悪くなり弾きにくくなるからだ。ピルケースのような小さな金属製の容器に綿をすこし入れ、その綿にオイルを染み込ませる。指をその綿に押しつけることで適量のオイルが指につく。私は、もともとココナツオイルの甘い匂いが好きだったが、ヴィーナを習い始めてからは音楽の香りになった。この小さな容器はヴィーナ奏者にとって必需品だ。私も気に入った銀の容器を買った時には、いっぱしの生徒になった気がして嬉しかった。

コンサート、ラジオ

夜は、カッチェーリと呼ばれるコンサートにもよく出かけた。しかし、ブリンダ先生は、私がコンサートに行くことをあまりよく思っていなかったようだ。一つの演奏スタイルを学ぼうとしているときに、他のスタイルを聞くと混乱する可能性が確かにある。しかし、彼女の目に適う演奏家が極めて少ないこともその大きな理由だったようだ。

「イェンナ・プラヨージャナム？（一体何の役に立つの？）」

と言われたこともある。それでも、多様なスタイルに触れることが調査には必要だと考えていたので、先生の意志に反して、できるだけ数多くの演奏家を聴くようにした。少し後ろめたかったが、行ったことを言わないでおくこともあった。

逆に、先生の評価を知りたいときには、コンサートで聴いた演奏家の話を私からもちだした。

「声はいいんだが、リズムが悪い」

「音が合っていない」

「すべてがひどい、聴いていられない」

など、先生の評価は短い言葉で語られたが、どの演奏家のどの部分を評価しているのか、していないのかについて知ることは、音楽に対する判断基準を理解するのに役立った。ブリンダ先生が高く評価している演奏家は多くはなかったが、意中の公演には稀に彼女自身も足を運ぶことがあった。そういうときには一緒に行くかと誘ってくれた。

ブリンダ先生から、弟子がおかしな演奏をしたら自分の名前に傷がつくから、しっかりと練習するようにと言われたことが何度かある。いつも弟子たちの上達具合を気にかけているようだった。

私がヴィーナを習い始めて半年ほどが過ぎた頃、ヴェーガ先生が市内で公演をすることになったので、私も見に行った。ブリンダ先生は先についていたらしく最前列に陣取っていた。私は少し後ろに座ったが、会場に入った時、目で挨拶をした。公演の終わり近くで、ヴェーガ先生はスローカというリズム伴奏のない詩の詠唱を演目に選んだ。次々とラーガを変えながら即興演奏を繰り広げるラーガマーリカ（ラーガの花輪）と呼ばれる形態で歌っていた。詩の一節を一つのラーガに乗せて演じると、次の一節を異なるラーガで歌う、といった具合に進行する。ラーガを聴き分けることは、古典音楽を聴くときの共通の楽しみだが、通常の楽曲は一つのラーガで作曲されている。ラーガマーリカは、一曲の演奏のなかで、次々とラーガが変わっていくので、どのラーガが演奏されるのかを推測するという楽しみが増える。公演も終盤にさしかかった頃、ヴェーガ先生が歌い始めたラーガが、少し前にブリンダ先生から習ったハムサナーダム（サ―リ―マ♯―パ―ニ）であることに気がついた。先生が私の方を振り向いたので、分かりましたよと、微笑みながら合図した。弟子の上達をいつも気に留めてくれている姿に驚き、心のなかで感謝した。ラーガを識別できることは、ターラを打つ技術とならんで、南インド古典音楽の基本的なリテラシーの一つである。寺院や結婚式などでナーガスワラム奏者の演奏を聴きにいくと、「これは何のラーガか分かるか」とよく訊かれた。間違えたことも多かったのだが、私の方からラーガを正しく言い当てると、冗談まじりに「（あなたには）いい加減なことは言えないな」などと言われたものだ。

インド滞在中は、ラジオ番組もよく聞いた。全インド・ラジオ放送（All India Radio 略してＡＩ

R）は、一九三〇年代末に始まった国営のラジオ局で、古典音楽の普及に大きな貢献をしていた。タミルナードゥ州には、北部地域をカバーするマドラス局のほかに、ティルチラパッリ局（中部）、ティルネルヴェリ局（南部）があり、それぞれ古典音楽の番組をもっていた。それ以後、数ヶ所のローカル局が設置された。新聞にはラジオ番組の内容が記載されていたので、朝の日課の一つは、ミルクと砂糖がたっぷり入ったコーヒーを飲みながら、その日の公演情報とともに、ラジオに出演する演奏家をチェックすることだった。自分の好きな、もしくは気になる演奏家の番組があると、その時間は外出せず家で聞くようにしていた。特に残しておきたい番組は、カセットに録音した。ラジオでたまたま流れてきた演奏家を気に入ることもあった。まれに文句なしに素晴らしい演奏が流れてくることがあり、ラジオに釘付けになった。一曲の初めと終わりに、曲名、作曲者、ラーガ、ターラ、演奏家の名前が放送されるので、途中から聞いた時は、それらがどの程度分かるのか、自分への抜き打ちテストでもあった。

また、ラジオ番組に出演する音楽家たちは、技量によって四つのグレード（最上位のAトップからA、Bハイ、Bの順）に分けられていたため、かれらが現地でどのように評価されているかを知る一つの手がかりでもあった。番組でグレードがアナウンスされることはないが、それに従って演奏の時間帯や長さが決められていたので、おおよその見当はついた。演奏に対する謝礼も、このグレードに基づいており、一九八〇年代半ばの記録では、Aトップの奏者はBの奏者の五倍から八倍の謝礼を手にしていた。私は演奏家の名刺やレターヘッド（名前や住所などの記された便箋）を集めていたが、ラジオ放送におけるグレードを自慢げに記してあるものが多かった。グレードを決めるのは、音楽界の長老クラスで構成される委員会で、当時はカセットに録音された曲を委員会が審査してグレードを決めていた。ブリンダ先生はしばらくこの委員を務めていた。

楽器を買う

家でヴィーナを練習するためにも、自分の楽器を買う必要があった。ブリンダ先生は普段あまり外出をしないが、サウンダーと一緒に、いきつけの楽器商ミーラ・ミュージカルズに連れていってくれた。間口が三メートルほどの小さな店である。先生はいくつかのヴィーナをためし弾きして、一台を私に選んでくれた（写真7）。自分の楽器ができたと考えると嬉しかったが、大きな責任を背負い込んだような気分にもなった。残念なことに、今ではヴィーナを弾くことが少なくなったが、私の宝物であることに変わりない。

私が借りていた家は平屋だったが、屋上に上がる階段の途中に中二階の小さな部屋があり、そこを音楽専用に使うことにした。楽器はいつもその部屋におき、練習もそこでした。ヴィーナは部屋の一角に敷物をひき、その上に置いた。ヴィーナの上に、ほこり除けの薄手の布をかけた。ヴィーナのある家では、特注のケースや棚がない限り、部屋の片隅に床置きしていることが多い。楽器は神聖なものであると考えられており、また壊れやすいので、持ち運ぶときには丁寧に扱う。床に置いてある楽器をまたぐことは御法度だ。ブリンダ先生の家でも、孫のブッジュが誤ってヴィーナを

写真7　ブリンダ先生が贔屓にしていた楽器商で、私のヴィーナを選んでくれているところ。楽器はタンジャーヴール地域で作られている。マドラス市、1986年。

またいでしまったときは、こっぴどく叱られていた。

ネズミとゴキブリ

あるとき我が家にネズミが侵入したことがあり、大騒ぎになった。戸棚に隠れていたが、ごそごそ音がするので開けてみると、急に飛び出してきて家中を走り回った。ネズミも必死なので走り方は迫力満点だ。ちょうどギリジャーがいてくれた時で、ほうきを持って追いかけてくれた。戸を開けておき、数分の追いかけっこの末、無事に退散してもらったのだが、私はヴィーナが心配ですぐに音楽部屋に向かった。インドでは、楽器をネズミにかじられたと言う話をよく聞くからだ。幸い部屋のドアは閉められていたし、なかに入った形跡もなくほっとした。しかし、ネズミが何処から家に侵入したのかは結局分からずじまいだった。

楽器への影響はなかったが、アリやゴキブリにも悩まされた。何故か家の周りにはアリが多く、なかにもすぐ入ってくる。甘い物や食べ物のかすなどが落ちていると黒だかりになった。ギリジャーは昼ご飯を用意してくれるが、私が戻るまでに帰宅するときは、深い皿に水を入れ、そのなかにご飯やおかずをいれた金属製の容器を置いていた。外敵から城を守るお堀のように、皿の水が私の昼食をアリたちの攻撃から守ってくれていた。

小型冷蔵庫を買ったのだが、中古だったのでなかの壁面に小さな亀裂や穴がたくさんあった。効きが悪くそれほど冷たくはならないが、外気に比べれば食物の保管には適していた。インドの夏は過酷だが、ゴキブリにも暑すぎるのだろうか。かれらはなんと私の冷蔵庫に住み始め、扉を開けると、あわてて冷蔵庫の内壁に走る亀裂のなかへ退散した。亀裂の上からテープなどを貼り侵入を防ごうとしたが、何処からともなくなかに入って来る。はじめは、ゴキブリが食べ物の入った容器の上を歩いたと考えるだけでも食欲がなくなったが、毎日小さいゴキブリたちに接していると、愛らしいとは思えないまでも、少しずつ慣れてくる。かれらも頑張って生きているんだなあ、と妙に感心さえしてしまう。そのうちに、冷蔵庫を開けてゴキブリを追い払ってから、食べ物を取り出すことにさほど抵抗がなくなった。

衛生に関する感覚の違いに驚いたこともあった。インタビューをするために、あるナーガスワラム奏者の家にお邪魔したときのことだ。家人が金属製のタンブラーでコーヒーを出してくれたのだが、飲もうと思って口元まで近づけたとき、ハエが浮いているのに気がついた。ぎょっとしたが、せっかく出してもらったのだから、どう対処すればよいものかと考えていたら、その楽師も何かがおかしいと感じたのか、「どうしましたか」と訊く。「虫が入ってるんですが……」とタンブラーのなかのハエを指差した。彼は、申し訳なさそうな表情でタンブラーを取って手元に引き寄せ、浮いているハエを指でつまみ出した。そして、「もう大丈夫」といって、タンブラーを返してくれた。もう、こうなったらいただくしかない。「熱いコーヒーなのだから消毒されるはず」と覚悟を決めてそのコーヒーを飲みほした。

小さなデビュー演奏

ティヤーガラージャは、南インドで最も有名な作曲家である。現在のアンドゥラ・プラデーシュ州で生まれた敬虔なブラーマンであり、ラーマ神に深く帰依したといわれる。神を讃える歌や、信仰に関する歌など、少なくとも数千の曲を作ったと言われ、そのうち、約七百曲が今に伝えられている。歌詞は、ほとんどすべて母語であるテルグ語で書かれている。

南インド古典音楽では、作曲家をヴァッゲヤカラと呼び、神への帰依を歌で表現する聖人を理想型としている。英語では、「楽聖」saint-composer を訳として用いる。このような作曲家のイメージを最もよく体現しているのがティヤーガラージャであると考えられている。ティヤーガラージャは、信仰心があつく世俗を忌避したことで有名であり、宮廷からの度重なる招聘に応えなかった逸話は広く知られている。現在演奏される古典楽曲のうち、最も頻繁に演奏されるのがティヤーガラージャの曲であり、私がブリンダ先生から学んだ楽曲も彼の手によるものが最も多かった。

この作曲家の業績を讃えるイベント、ティヤーガラージャ・アーラーダナが、彼が「永遠の平安を獲得した」（亡くなった）といわれるティルヴァイヤール町で毎年開かれてきた。プロから初心者まで音楽を学ぶものが一堂に会し、大作曲家の貢献を彼の歌を歌うことで讃えるイベントだった。タンジャーヴール市から北に十三キロほど行ったところにある人口一万人強の小さな町が、アーラーダナの期間中は大変なにぎわいを見せる。

ティヤーガラージャを讃える音楽祭は、ティルヴァイヤールだけでなく、インド各地や国外のインド人コミュニティでも開かれている。マドラス市内でも、同じ目的で小さなイベントが行われていた。ある日稽古に行くと、ブリンダ先生から、小さなお寺で催される慰霊音楽祭に登録しておくので、ティヤーガラージャの曲を二曲弾くようにと言われた。もともと人前で演奏することを念頭においていなかったので、私はとても慌てた。そう伝えたのだが、「聴衆のために演奏するのではない。ティヤーガラージャへの感謝の気持ちを表すために演奏するのだから参加しなさい」といわれた。もちろん断ることはできない。その日から、当日演奏する二曲だけを繰り返し、繰り返し練習した。ブリンダ先生からの課題曲「ダヤジュー」と「バントゥリーティ」は、対照的なラーガで作曲された曲だった。

当日、自分のヴィーナをオートに乗せて、会場に向かった。小さなお寺だったが、演奏のことだけが気になって、どれくらい人が集まっていたのかさえ覚えていない。簡単なアナウンスがあり私の名前が呼ばれた。演奏する場所に座ると、ブリンダ先生は前の方に座っていたので姿がよく見えた。それまでの経験から人前で演奏することに少しは慣れていたはずなのだが、緊張してしまい頭がぼーっとした。指が震えたらどうしよう。頭のなかが真っ白になって演奏が止まったらどうしよう。間違えませんように。祈るような気持ちで、一度ゆっくりと呼吸してから、弾きはじめた。自分の指と弦だけに集中した。頭のなかで、ブリンダ先生のヴァーシ（「弾きなさい」）という声が聞こえてくる。一曲目は無事に終わったが、やはりあがっていたからか、二曲目の途中で自分がリズム周期のどの位値にいるのか分からなくなった。その日演奏した二曲は、共にクリティという楽曲形式で作曲されており、三つのセクションで構成されている。二部の演奏を終えてから、三部が始まるまでに少し間があり、その間に迷ってしまった。一瞬頭に血がのぼったが、先生が手でリズムを打っているのが目に入った。それを見ながらなんとか元に戻り、大きな間違いなく演奏を終えることができた。私の番が終わり、演奏した場所から下りて来ると、先生はすぐに立ち上がり、帰ろうというように目で合図した。演奏が酷かったので帰ろうとしているのかと不安になった。ブリンダ先生は何も言わなかったが、別れ際に、目下のものを祝福するときにするように、手のひらを見せながら右手を少し前に出して、一言、パラヴァレ（「悪くなかったよ」）と声をかけてくれた。稽古のときに誉められたことは一度もなかったし、他の演奏家に対しても厳しい評価をすることで知られていたから、ブリンダ先生のこの言葉を聞いて少し胸が熱くなった。オートを止めてヴィーナとともに乗り込んだ。オートは二人乗りの小さな乗り物なので、全長一メートルちかくあるヴィーナを乗せるには、斜めにして、演奏する時のように座って抱きかかえねばならない。演奏の様子を記憶でたどり、ブリンダ先生の言葉を思い出していると、ヴィーナが恋人のように愛おしく思われた。そして、ふと気がついた。先生は私のためだけにこのイベントに来てくれていたのだ。長袖のクルタ（上衣）の裾で涙をぬぐって、外を眺めると、そこにはいつもの夜の雑踏があった。

ただ一度の叱責

そんなブリンダ先生にこっぴどく叱られたことがあった。インド滞在も二年目に入り、ペリヤ・メーラムの調査が進むにつれて、マドラスを空けることが少しずつ増えていった。一ヶ月に一週間程度の割合で他地域に行く予定だったが、少し長く留守にするときも出てきた。いつも前もって先生に予定を知らせてから出発するのだが、現地での調査の進み具合からマドラスへ戻るのが少し遅れたことがあった。電話で連絡したつもりだったが、忘れていたのかもしれない。

マドラスに戻ってから先生宅に着くやいなや、玄関先で怒鳴られた。「インダマーディリセイヤクーダードゥ。タップ。（こんなことをしてはいけないでしょ。間違ってる。）」とこれまでに見たことがない剣幕だった。ショックで事情がつかめるまで唖然としているうちに、先生は自室に入ってしまい出て来ない。仲裁に入ったジャムナーは、しょうがない人ねと言いたげな表情で、「あなたがあまり来ないから、怒ってるのよ。今日は帰りなさい」という。ごめんなさいと伝えて下さいと言い残して帰った。インド滞在中、この日ほど意気消沈した日はなかった。ヴィーナに触る気にもなれず、一日中、どうすれば許してもらえるか考えていた。しばらく連絡も取れずにいたら、ブリンダ先生のほうから電話がかかってきた。「ニー、ヴァー（来なさい。）」と、一言だけ言われた。先生の家に恐々向かい、改めて謝ったが、何事もなかったかのように黙ってレッスンは始まった。

ペリヤ・メーラムの調査が忙しくなるにつれて、練習に費やす時間も少なくなっていた。ヴィーナを習っていることについて私に気のゆるみがあったのだろう。事前連絡に気をつけるようになったのは当然だが、調査をしながら弟子であり続けるのが至難の業であることに改めて気付かされた。時間的な制約もさることながら、練習と調査のどちらにも十分な時間をかけられていないのでは、という思いに悩まされ続けた。

音楽家タンジョール・ブリンダ

ブリンダ先生は南インド古典音楽界でも、エリート中のエリート一族の出身だった。先に述べた祖母のダナンマルは、音楽の女神サラスワティの生まれ変わりとまで言われたヴィーナ奏者だった。南インドの古典舞踊であるバラタナーティヤムで、不世出の名人とされたバーラや、北米で長年教鞭をとったムリダンガム奏者のランガや、その弟でフルート奏者のヴィシュワは、皆ブリンダ先生の従兄弟にあたる。娘のヴェーガ先生も一流の声楽家に成長した。こうした、音楽家としての「血統」の良さはさておき、先生の秀逸な音楽性を言葉で表現するのは至難の業である。

一般的な評価において、ブリンダ先生は古典音楽界の頂点を極めた人だった。その証として、音楽家に与えられる称号のなかでもっとも権威があるとされる「サンギータ・カラーニディ」をマド

写真8　夕食を食べるブリンダ先生。夜は胃に優しいイドゥリ（半発酵させた米を蒸した軽食の定番）を好んだ。先生の日常生活の写真は極めて珍しい。マドラス市、1986年。

ラス音楽院から一九七六年に与えられた。演奏家を技量によってグレード分けする全インド・ラジオ放送でも最高位を与えられ、その審査委員を長年つとめた経歴をもつことは先に述べたとおりである。一九四〇年代から六〇年代にかけて、妹のムクタと組んだ声楽デュオで、名声をほしいままにした。

インドに行ってから初めて知ったことだが、ブリンダ先生は、即興の技法を女性演奏家の演目に取り入れた改革者の一人でもあった。現在の南インド古典音楽では、レパートリーや演奏形態が演奏者の性別によって決定・制限されることはない。しかし、一九三〇年代までは男性と女性の演奏はかなり違ったものだった。現在では性別を問わず優れた演奏家の条件であると考えられている即興演奏（マノーダルマ・サンギータ）は、おおむね男性の

写真9　サラスワティ・プージャの日には、学業・芸術の女神であるサラスワティに祈りをささげる。ブリンダ先生は、この部屋の一角で、日々礼拝を行うが、この日には特別に楽器を並べる。左奥の写真は、祖母でヴィーナ奏者のダナンマル。マドラス市、1986年。

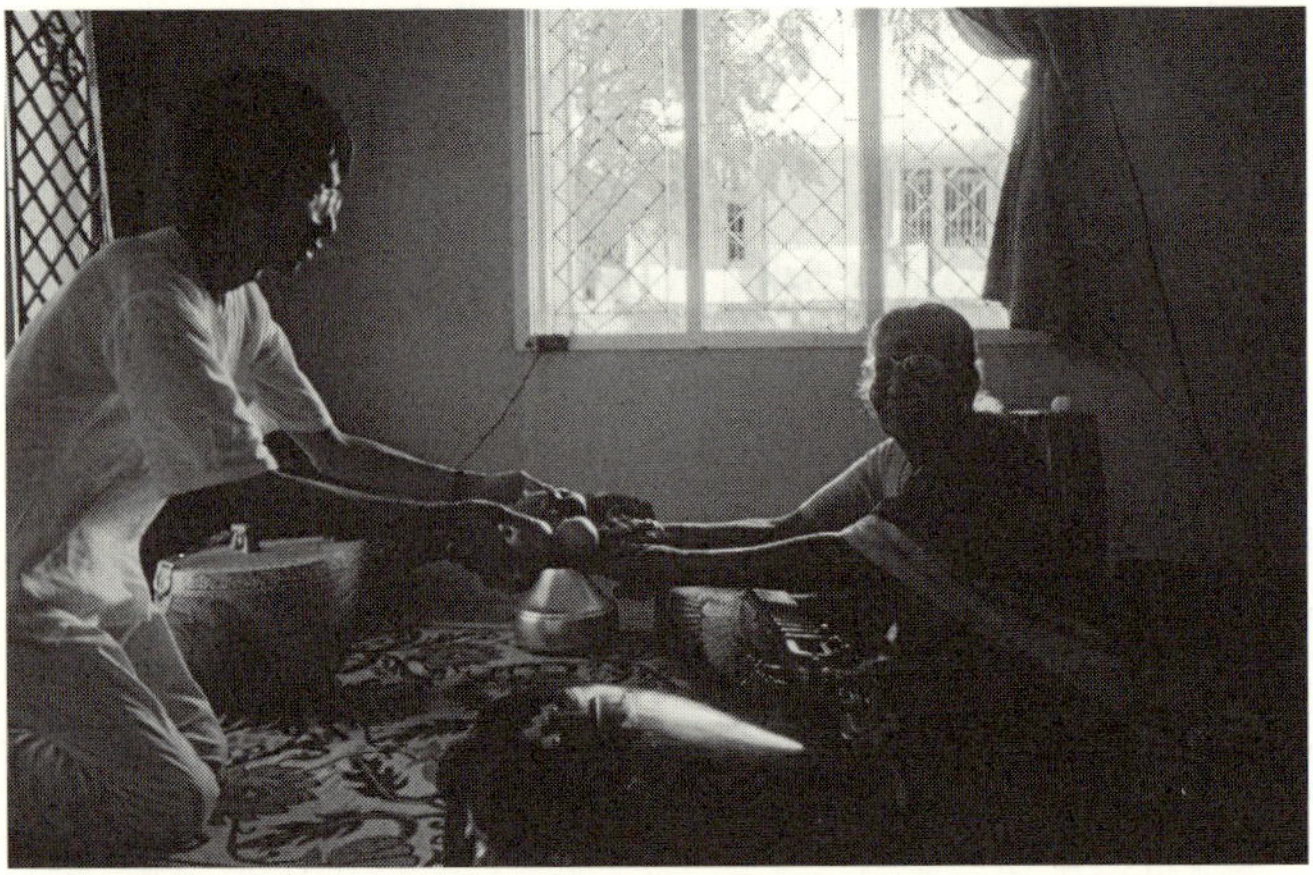

写真10　サラスワティ・プージャには、師匠に感謝の気持ちを込めて贈り物をするのが慣習である。盆に乗せた絹のサリーと果物を筆者がブリンダ先生に手渡しているところ。マドラス市、1986年。

領域であり、女性の演奏家たちは主に前もって作曲された楽曲（カルピタ・サンギータ）を演奏した。

早熟だったブリンダ先生は、八歳のときにカーンチープラム在住の著名声楽家ナーヤナー・ピッライ（一九三四年没）に弟子入りし、三年間彼の家に住み込んで音楽を学んだ。若くして、即興演奏の技法、特に複雑なリズムの演奏技法を身につけたといわれている。女性に男性の領域である即興演奏を教えることに反対する演奏家たちが、ナーヤナー・ピッライを説得するために大挙おしかけたこともあると伝えられている。ブリンダ先生は、男性演奏家や愛好家たちの批判や冷笑に屈せず、素晴らしい演奏をすることで、徐々に女性による即興演奏を認めさせていった。このような変革はブリンダ先生一人の努力によって達成されたのではないが、彼女が同世代の女性音楽家たちとともに、果敢に男性によって課された制限に挑戦していたことは間違いない。

それまでの女性演奏家たちは、男性音楽家が演奏しないパダムやジャーヴァリといった舞踊の伴奏音楽から借用された楽曲形式を得意としていた。ブリンダ先生は、これらの楽曲形式は、ダナンマル家に伝わる「占有曲」だと自負していたため、外部の演奏家に簡単に教えようとはしなかった。事実、彼女のパダムやジャーヴァリの美しさには定評があり、古典音楽界の重鎮だったセンマングディ・シュリニヴァーサ・アイヤル（一九〇八―二〇〇三）が、ダナンマル家の「秘曲」を学ぶために、年下のブリンダ先生に教えを請うたエピソードは有名である。男性音楽家が年下の女性に教えを請うことは極めて稀であったから、それほどブリンダ先生の歌が素晴らしかったという話として流布していた。

ブリンダ先生は、自分の音楽に対して厳格で妥協をまったく許さなかった。そのせいか他の音楽家たちへの評価も厳しかった。私も、彼女の辛辣な批判を自分の耳で何度か聞いているし、そのような評価にうちのめされた演奏通も少なくなかったはずだ。身内も例外ではない。長年デュオを組んでいた妹のムクタでさえ、批判の対象だった。高い音楽性のゆえに尊敬されていたが、愛されているというよりは怖れられた存在だったと言える。一言でいうと、「演奏家の演奏家」としてごく少数ではあるが熱烈な愛好家に支えられていた。

そのため、M・S・スッブラクシュミ（一九一六―二〇〇四）、D・K・パッタンマール（一九一九―二〇〇九）、M・L・ヴァサンタクマーリ（一九二八―一九九〇）らの、同時代に活躍した女性声楽家たちに比べ、一般的な人気ではかなり後れを取っていた。彼女たちは多数のカセットやLP録音を出し、頻繁に公演を行っていた。それらが人気のバロメーターでもあったが、先に述べたようにブリンダ先生は録音を生涯避けつづけた。ブリンダ先生に声楽を学んだことがあり、音楽に造詣の深い著述家インディラ・メノン（一九三五―二〇〇九）は、先生を含めた四人の女性声楽家を「マドラス四重奏団」（一九九九）とよび、一九三〇年代以降の音楽界の変容に大きく貢献したという。ちなみに、四人のうち、ブラーマンはパッタンマールだけで、他の三人は共にデーヴァダーシ家系の出身者である。

静寂のなかの演奏会

私は、ブリンダ先生のような音楽的才能の持ち主に巡り会ったことがない。自分の師匠であるという贔屓目を差し引いても、自信をもってそう言うことができる。また、私と同じように感じた音楽家や音楽愛好家がいたことも事実である。祖母のダナンマルがそうしていたように、ブリンダ先生はごく少数の音楽通を自宅に招待して、金曜日の夜にしばしば演奏会を開いた。たいていは、五～六人が集まる程度で、多いときでも十人を超えることはなかった。三々五々集まってくる聴衆は、簡単な挨拶の後、皆好きなように床に座り、言葉少なげに始まるのを待つ。ダナンマルは、このような自宅での小演奏会では、針一本落ちる音が聞こえても、気分を損ねてその日は演奏しなかったと伝えられている。ブリンダ先生も非常に敏感で、ちょっとした物音にも顔をゆがませ、時折家の前を通るオートバイやオートの音に、耳をふさいでいたのを思い出す。時間になると、奥の部屋から現れる。軽く会釈するだけか、一言二言言葉を交わすだけで、すぐに歌いはじめる。

ブリンダ先生はもうすでに七十歳を過ぎ、声楽家としての絶頂期からはかなりの時間がたっていたはずである。確かに、高音域では声がかすれることもあったが、それが全く気にならないほどの高い音楽性をもっていた。小一時間の演奏は、あっと言う間の出来事のようにも、非常に長い間のことのようにも感じられた。静寂のなかで、演奏者と聴衆が、音楽を通して理解しあえることを再確認するためにその場にいるような、儀礼めいた雰囲気が漂っていた。

演奏が終わると、ジャムナーが淹れてくれたチャイを飲みながら、ブリンダ先生はその日歌った

写真11　自宅でヴィーナを弾くブリンダ先生。ハウス・コンサートは主に声楽だったが、私が滞在中に一度だけヴィーナを演奏した。1987年。

曲に関するエピソードや、親交のあった一世代前の今は亡き演奏家たちのことを楽しそうに話した。自分の音楽を敬愛する人たちに囲まれて、彼女にとっても幸せな時間であったに違いない。彼女の歌によって作り出された、ぎゅっと凝縮したような時間の名残はなかなか消えなかった。帰り道、彼女の家から近くのバス道までを、まるで足が地に着いていないような高揚した気分で歩いたことを思い出す。この場に居あわすことができただけで、マドラスに一年半住んだ甲斐は十分あったと思えるほどである。

このような金曜日のサロン的演奏会には、音楽界の名士たちも頻繁に出入りした。特に、ブリンダ先生の熱烈なファンとして知られていたのは、作曲家のスペンサー・ヴェーヌゴーパールだった。マドラスの目抜き通りマウントロード（現アンナーサーライ）にあるスペンサー・デパートの総支配人で、当時のマドラス経済界の名士でもあった。ヴェーヌゴーパールは、ブリンダ先生のハウス・コンサートにはほとんど欠かさず来ていたし、先生も彼の音楽の知識に一目置いていたようで、会話の中にしばしば登場した。他の会衆も、ブリンダ先生への深い敬意とその場を共有する幸せを感じているようだった。

第四章　ナーガスワラムを習う

ここまでヴィーナを学ぶ経験について記してきたが、ヴィーナから少し遅れてナーガスワラムも習い始めた。実際には並行して学んでいたのだが、便宜上ヴィーナとナーガスワラムを別々に記すことにした。振り返って考えれば、二つの楽器を同時に学ぶのは無謀だったのかもしれないが、限られた時間に出来るだけ多くのことを学びたいと考えていた。話が前後するが、少し時間を巻き戻そう。

パラニサーミ先生への弟子入り

ヴィーナを習い始めて二週間ほどすると、そのルーティーンにも慣れてきたので、博士論文の直接のテーマと決めていたナーガスワラムも習い始めることにした。ナーガスワラムの演奏家については全く手がかりがなかったので、受入機関のパールッタサーラティさんに相談したところ、彼の家で儀礼をする際にいつも演奏を依頼しているナーガスワラム奏者を紹介してくれることになった。演奏家としての腕はいいいし、日頃から付き合いがあるので人間としても心配ないと言う。実績のある音楽学者の判断を疑う理由はなかったので、お願いすることにした。

一九八六年四月の末、パールッタサーラティさん宅を訪ねると、ナーガスワラム奏者のM・K・S・パラニサーミ先生に紹介された。簡単な紹介が終わると、パラニサーミ先生は、さほど遠くない彼の自宅まで連れていってくれた。家に着くと一族に紹介されたが、数世帯が一緒に住んでいて、誰と誰がどのように関係しているのか全く分からなかった。子供たちもたくさんいて、みな見慣れない客に興味津々だった。大騒ぎになりそうな気配だったが、パラニサーミ先生の一声で、おとなしくなった。

そして、いきなりレッスンが始まった。その日は顔合わせだけと思っていたので、気持ちの用意ができておらず戸惑った。パラニサーミ先生は、先に述べた初心者のラーガ（マーヤーマーラヴァガウラ）で音階を歌い、私に繰り返すようにいった。そのあと、そのラーガの音階をナーガスワラムでどのように演奏するか（どの指孔を閉じればどの音が出るか）を見せてくれ、吹いてみなさいと言われた。見よう見まねで楽器をかまえ、息を吹き込む。リード楽器は力んで強く息を吹き込んでも音が鳴るとは限らない。それまでリード楽器を習った経験がなかったので、音階どころか音を出すことすら大変だった。試しているうちに少しずつ音は出てきたが、音の高さをうまくコントロールできない。三十分ほどの短いレッスンだったが、余計なところに力が入りすぎたせいだろう、へとへとに疲れた。こんな難しい、そして体力が要りそうな楽器を学ぶことが私にできるだろうかと大いに不安になった。この日、パラニサーミ先生は、私の適性をチェックしていたに違いない。あとで、初心者には音階を歌わせて、その時点で音がズレていればいくら教えてもモノにならないので弟子にしないと言っていたから、その部分だけは及第だったのだろう。

私は、ブリンダ先生の場合と同じように、パラニサーミ先生の家に通うつもりだったが、私の家に来ると言って譲らなかった。確かに彼の自宅は広いとはいえず、また小さな子供たちも多いので、落ちついて教えにくいということもあったのだろうが、私としては、師匠にわざわざ家まで来てもらうのは大いに気が引けた。また、来てもらうと、彼の家での日常の生活を観察することができない。そこで、レッスンとは関係なく、いろいろな理由をつけて彼の家を訪れるようにした。自宅では寡黙なパラニサーミ先生は、私の家に来ると饒舌になることがあった。直接聞いたことはなかったが、一族の長の立場から解放された時間を、私の家では楽しんでいたのかもしれない。

パラニサーミ先生の一族は見事な音楽一家だった。祖父はヴェッロール（現ヴェールール。マドラスから一四〇キロメートルほど西にある地方都市）出身のナーガスワラム奏者で、一九三〇年頃にマドラスに移住した。マドラスの人口は一九二〇年代から四〇年代にかけて急増したため、それにつれて結婚式などでのペリヤ・メーラム音楽の需要が増したと考えられる。この時期に、職を求めてタミルナードゥ州北部地域からマドラスに移住したマルットゥヴァルの演奏家が非常に多かった。同様に、結婚式など人生儀礼を取り仕切る僧侶も、この時期に多数マドラスに移住したという報告がある。

父親のM・K・サーミナーダンはマドラスでは名の知られたナーガスワラム奏者となり、彼の弟もタヴィル奏者だった。サーミナーダンにはパラニサーミ先生を筆頭に六人の息子があり、全員を

写真12　パラニサーミ先生の一族が住む家の中庭。奥の１階部分が先生の家族の居住空間。右手奥は共有の沐浴場とトイレ。後に、弟のシヴァとナタラージャンは別の場所に引っ越した。マドラス市、1988年。

音楽家に育て上げた。四人がナーガスワラム奏者、後の二人がタヴィル奏者だ。兄弟二人ずつがナーガスワラムのペアを組み二つのグループを結成した。調査当時は、兄弟全員とかれらの家族が同じ敷地内に住んでいた。敷地の中央に中庭があり、それをコの字型に囲むように、それぞれの家族の居住場所があった。中庭にある井戸やトイレは共有だった（写真12）。

パラニサーミ先生の弟シヴァは、マドラスで最も実力のあるナーガスワラム奏者という定評があった。私が、誰にナーガスワラムを習っているかを告げると、「ああ、シヴァのお兄さんね」という反応が返ってくる。シヴァが非凡な才能をもつことは間違いなく、眼光の鋭いスター性のある演奏家であることも確かである。このような位置づけは、パラニサーミ先生にとってもどかしく、また不名誉なことだろうが、そのことについて直接聞くことは躊躇われた。パラニサーミ先生がシヴァの悪口を言うのを聞いたことはないが、彼のことを自分から話題にすることがほとんどなかったのは、ライバル意識の現れだったのだろう。

パラニサーミ先生からは、ナーガスワラム演奏の基礎中の基礎を教わった。楽器の構え方にはじまり、演奏方法（息の使い方、指使いなど）はもちろんのこと、楽器の手入れやリードの準備、楽器に対する礼拝の仕方などを学んだ（写真13）。

写真13　ナーガスワラムを演奏するパラニサーミ先生。床に座り、師匠と向き合ってレッスンを受ける。マドラス市、1986年。

ナーガスワラムを持ち運ぶときには楽器の形に合わせた布の袋にいれるが、市販していないので、まず生地屋で布地を買い、それを仕立て屋にもっていって縫い合わせてもらう。でき上がった袋に自分のナーガスワラムをいれ、それを肩にかけて町に出ると、見知らぬ人たちから、「ナーガスワラムでしょ。吹くんですか。」とよく声をかけられた。外国人がナーガスワラムを肩にかけて歩いているのが珍しかったのだろうが、町の人々がこの袋にナーガスワラムが入っているということをすぐに識別できることも私には興味深かった。

ナーガスワラムはダブルリード楽器の一種で、葦で作られたリードを管の上に差し込み、そのリードに息を吹き込むことで音を出す。楽器の本体である管の部分（ウラヴ）だけでも七十センチ以上あり、その先にラッパ状の先端部（アネス）をつけると九十センチにもなる。世界中を見渡しても、ナーガスワラムは、インドネシア・スマトラ島のバタック人が演奏するサルネ・ボロンと並んで、最も長いダブルリード楽器の一つである。

指孔は七つあるが、その間隔は広く、指をいっぱいに広げないとすべての指孔を閉じることができない。特に、下の方の指孔を開閉するには、右手の指を大きく開きながら、指先に力を込めなければならない。そうしないと、指穴から空気が漏れ正確な音をだせないのだ。慣れない角度で手を曲げたまま指先に力を入れるので、手首や腕の筋肉がつることもしばしばだった。

ナーガスワラム作りの名人

ヴィーナと同じように、家で練習するには自分の楽器がいるので、パラニサーミ先生にお願いして注文してもらうことにした。ナーガスワラムは、町の楽器屋でも売っているが、プロの演奏家は気に入った職人から直接購入する。当時、ナーガスワラム作りの職人として、群を抜いて有名だったのが、N・G・N・ランガナーダ・アーチャーリ（一九一七年生まれ）だった。音楽家たちの圧倒的な支持を得ており、名のある演奏家で彼の楽器を使わないものは皆無に等しかった。タンジャーヴール県のクンバコーナムは寺院町として有名であるが、その近くにあるナラシンガンペーッタイ村には、ナーガスワラム作りに従事する家が三軒あり、このなかの一軒がランガナーダ・アーチャーリの自宅兼工房だった。

ナーガスワラムを購入するには、まず職人に手紙で注文をする。この時、注文したい楽器の音の高さを指定して、代金の半分ほどを送金する。職人から楽器ができ上がったという連絡が入ると、自ら工房を訪ね試し吹きをする。必要があればその場で微調整をしてもらい、代金の残りを払って購入する。私は、パラニサーミ先生を通して、音の高さの違うナーガスワラムを二本注文した。

南インドでは音の高さを数字で表現する。音楽を学ぶ際には数字は使わないが、楽器の音の高さを示すときにだけ用いられる。サの音を1とし、順にリを2、ガが3、マが4、パが5と上がっていく。半音は0.5と表現するので、リ#は2.5となる。この音の高さを表す単位をカッタイといい、レを基音とするナーガスワラムを「2カッタイのナーガスワラム」という。二十世紀初頭のナーガスワラムは、現在のものと比べ、かなり短く、音も高かった。5カッタイが普通だったが、徐々に音が下がり、一九五〇年代以降は2カッタイが主流となり、2.5カッタイを演奏するものが少数存在する。

ランガナーダ・アーチャーリが作るナーガスワラムは、他の職人のものと比べ五割ほど値段が高かったが、音の高さが正確で、あとで不具合がほとんどない（音の調整の必要がない）というパラニサーミ先生の言葉を信じて、五月に2カッタイと2.5カッタイのナーガスワラムを一本ずつ注文した。

写真14　ランガナーダ・アーチャーリのナーガスワラム工房。楽器の先端につけるラッパの内側を削る行程。助手が管に紐をかけ、それを交互に引くことで回転させる。アーチャーリが右腕につけているのは邪視に対するお守り。タンジャーヴール県ナラシンガンペーッタイ村、1986年。

ほぼ二ヶ月後、でき上がったという知らせを受けた。パラニサーミ先生に同行してもらい、楽器を取りにいくために初めてナラシンガンペーッタイ村を訪れた。夜汽車で一晩過ごすと翌朝八時頃にタンジャーヴール県のクンバコーナムにつく。村は、そこからバスで少しのところにあった。

工房では、楽器作りを見学させてもらった。すべてが手作りで、電気工具は一切使っていなかった。管の内側を削る作業では、管に紐を巻き付け、その紐の両端を交替に引くことで回転させていた（写真14）。ナーガスワラムを作るのは重労働なので、ランガナーダ・アーチャーリと彼の助手たちは、皆上半身は裸で、ルンギ（腰布）をまくり上げ、ほとんど

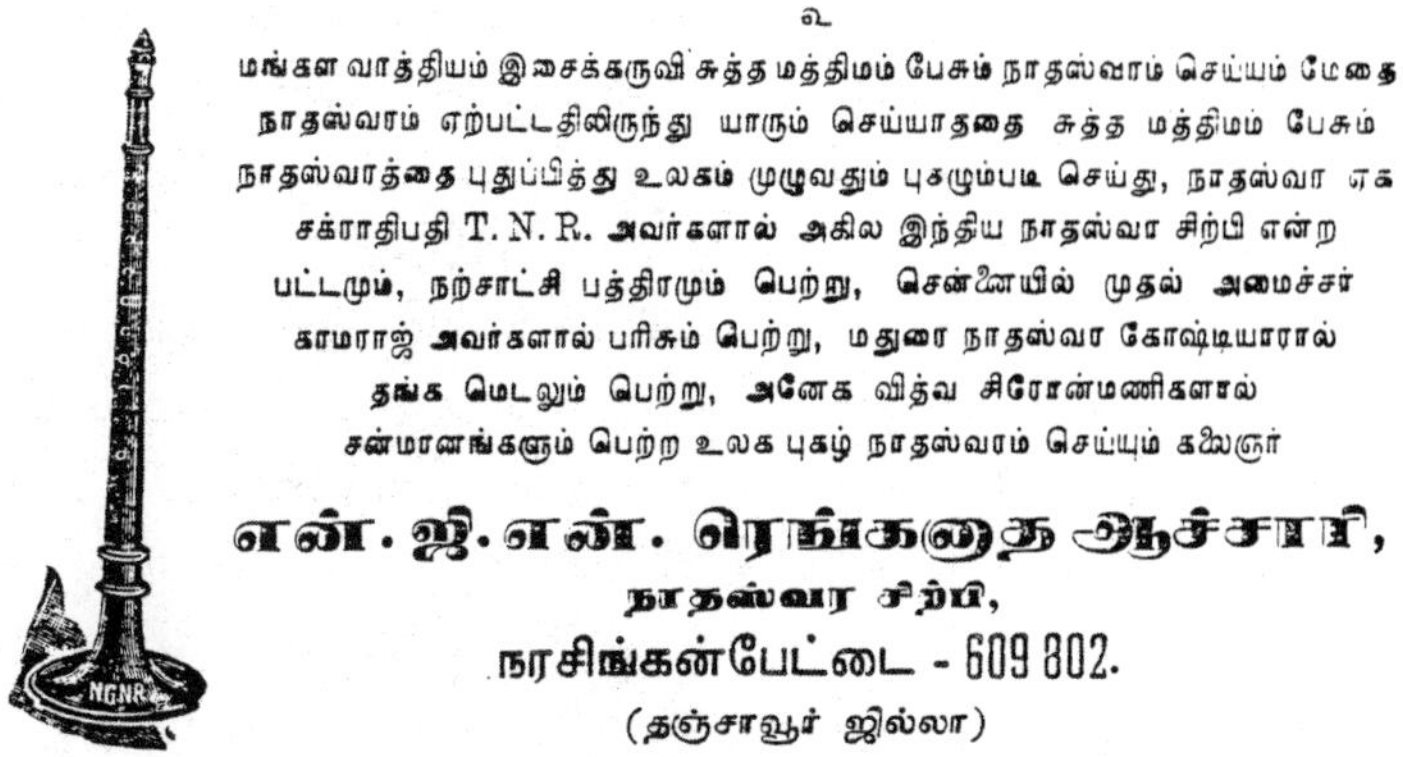
உ
மங்கள வாத்தியம் இசைக்கருவி சுத்த மத்திமம் பேசும் நாதஸ்வரம் செய்யும் மேதை
நாதஸ்வரம் ஏற்பட்டதிலிருந்து யாரும் செய்யாததை சுத்த மத்திமம் பேசும்
நாதஸ்வரத்தை புதுப்பித்து உலகம் முழுவதும் புகழும்படி செய்து, நாதஸ்வர ஏக
சக்ராதிபதி T. N. R. அவர்களால் அகில இந்திய நாதஸ்வர சிற்பி என்ற
பட்டமும், நற்சாட்சி பத்திரமும் பெற்று, சென்னையில் முதல் அமைச்சர்
காமராஜ் அவர்களால் பரிசும் பெற்று, மதுரை நாதஸ்வர கோஷ்டியாரால்
தங்க மெடலும் பெற்று, அனேக வித்வ சிரோன்மணிகளால்
சன்மானங்களும் பெற்ற உலக புகழ் நாதஸ்வரம் செய்யும் கலைஞர்
என். ஜி. என். ரெங்கநாத ஆச்சாரி,
நாதஸ்வர சிற்பி,
நரசிங்கன்பேட்டை - 609 802.
(தஞ்சாவூர் ஜில்லா)

図１　ランガナーダ・アーチャーリの名前入り便箋。職人としての技能に対してラージャラッティナムが称号を与えたことが記されている。

裸の状態で作業していた。ナーガスワラムの本体は、黒檀で作られており、完成した楽器は黒光りして、見た目も美しい。最終チェックが終わり完成すると、注文した音楽家に手渡す直前に、彼のイニシャルであるNRの二文字を吹口の近くに彫る。

ランガナーダ・アーチャーリが、ナーガスワラム作りの職人として不動の地位を築くことができたのは、一人の音楽家のおかげであると言う。現在最も良く使われている2カッタイのナーガスワラムは、大演奏家ラージャラッティナムが、彼に制作を依頼したもので、演奏に必要なすべての音を正確に出せる楽器にするために様々な工夫を施した。ラージャラッティナムのカリスマ的な人気が、2カッタイのナーガスワラムの普及に繋がり、ランガナーダ・アーチャーリはナーガスワラム職人の第一人者の栄誉を得たと言う。家の居間の中央にはラージャラッティナムの写真が飾られ、名前入り便せんには、2カッタイのナーガスワラムの完

写真15　パラニサーミ先生（中央）と、シーヴァーリ（リード）職人親子（両端）の家を訪ねた。いつも同じ職人からリードを買い、良好な関係を保つ努力をしていた。タンジャーヴール県ティルヴァーヴァドゥドゥライ村、1986年。

成の経緯とランガナーダ・アーチャーリの貢献が大きく記されている（図1）。ラージャラッティナムから届いた直筆の感謝状は、家宝として大切に保管されていた。

　ナーガスワラムのリードは、楽器職人とは別の専門の職人がつくる。パラニサーミが贔屓にしているリード職人が、近隣のティルヴァーヴァドゥドゥライ村に住んでいるので、合わせて訪ねることにした（写真15）。ここでもリード作りの行程の一部を見せてもらった。ナーガスワラムに使うリードはシーヴァーリといい、葦からつくる。リードは、銅製の筒（ケンダイ）の上にのせ、それを糸で巻きつけて固定するのだが、その糸の巻き方は、見た目も美しく芸術的である。ほとんど人の目に触れることのない箇所にこだわるのは、職人魂だろう。

　楽器全体から見れば、リードは非常に小さいが、その善し悪しが音を左右するため、演奏家にとっては生命線であり、細心の注意が払われる。それぞれの演奏家は、贔屓の職人から直接買うことが一般的だ。一ダース単位で注文し、パラニサーミ先生は一年間に十ダースほどのリードを注文していた。顧客関係ができ上がると、職人とは一度も会わずに、注文、支払い、商品の受け取りをすべて郵便ですませることができる。事実、大多数はそのようにしてリードを購入しているが、パラニサーミ先生は、質の高いリードを優先的に回してもらうには、日頃の関係づくりが大切であると考えていたので、機会を見つけて自ら職人を訪問し、試し吹きをしてから購入するようにしていた。

リードは、人前での演奏で使えるようになるまでに時間がかかる。練習で新品のリードを使って慣らしていくのだ。その過程で善し悪しが判明し、実際に公演で使えるのは、一ダースのうち数個だけだといわれる。練習中に壊れてしまうものもあれば、いくら吹いても思うように音が出ないものもある。評判の良い職人のリードでは無駄になるリードの数が少ないという。ナーガスワラム奏者は、幾つものリードを紐に結びつけ、その総を楽器の上部につけて垂らしている。リードは水分を含みすぎると音の出方が悪くなったり、音が微妙に下がったりすることがあるため、演奏の途中でも新しいリードと取り替える姿がみられる。リードは温度や湿度にも敏感で、普段よくなっていても、環境が変われば音が出にくくなることがある。パラニサーミ先生によると、コンサート会場などでの演奏で、天井に扇風機が回っていると、リードが乾燥して要注意という。

パラニサーミ先生は、おしゃべりではないが、レッスンの合間に日本のことについてよく質問された。海外の事情についてほとんど知識がなかったらしく、

「日本のイドゥリやドーサは美味しいのか」

イドゥリは米の粉から作る蒸しパン、ドーサは米と豆から作るクレープで、両方とも朝食や夜食の定番である。

「イドゥリもドーサもありません」

「じゃあ、一体何を食べているのか」

とか、

「おまえの町にナーガスワラムの楽師はいるか」

「いないんです」

「どうやって結婚式をするんだ」

なかなか信じることができないのか、このようなやりとりを何度もしたように記憶している。他の音楽家たちと一緒にいる時は、もの静かでそれほどしゃべらなかったが、優しい先生だったし、マドラスでの生活に慣れない私に気配りしてくれているのは明らかだった。

パラニサーミ先生は丁寧に教えてくれたが、私のナーガスワラムはなかなか上達しなかった。先生が結婚式での演奏で忙しくなると、時間的に余裕がなくレッスンの回数が減ったことも理由の一

つだが、それよりも私の能力のほうが大きな問題だった。この楽器の演奏には体力がいり、私は集中して練習をすると体調を崩すことが何度か続いた。少しできるようになると調子を崩し、そのため少し休むと技術の方は元の状態に戻ってしまう。パラニサーミ先生は我慢強く私の相手をしてくれたが、なかなかうまくならないので申し訳なかった。

それでも、ある程度納得いく練習ができる時もあった。それまでよりも少しいい音が出せたり、思ったように音のコントロールができたときは嬉しかった。リード楽器は、指孔の開閉で音の高さを変えることができるが、同じ運指のポジションでも、口蓋のかたち、息の吹き込み方、リードのくわえ具合などでも、音の高さや音色を変えることができる。たとえば、ナーガスワラムの場合、一番上の指穴だけを閉じるポジションで、リとリ#の音を演奏する。

ナーガスワラムは元来屋外で演奏されるため、その音は大きくまた強烈である。身体を突き刺すような刺激的な音がするのだが、自分が吹いている時はその激しさはなく、音に自分が埋没するような感じがした。自分が息を吹き入れて出す音が、自分の身体全身を包みこむことを意識できる時は、自分が宇宙の中心にいるような気分になった。

最後まで、ナーガスワラムの演奏は思うように上達しなかったが、演奏に関わる様々な技法や、音楽の語り方をパラニサーミ先生から学んだことは、それ以後のナーガスワラム奏者たちとの交流に大きく役立った。演奏技術に関する具体的な内容をある程度知っていることで、より突っ込んだ話を聞くことができるようになった。

ナーガスワラムの演奏には体力がいるというイメージは、一般的に共有されており、音楽家の体格や食習慣と結びつけて語られることが多かった。やせ形の若い演奏家もいるのだが、たしかに中年以上の楽師は立派な体格の持ち主が多い。ブラーマンの音楽愛好家たちから、演奏に必要なスタミナを保つためには肉を食べる必要があり、菜食主義のかれらが、この楽器を演奏しないのは、そのためであるという意見を何度も聞かされた。

ペリヤ・メーラムの演奏家の悪癖として頻繁に語られるのが、飲酒である。だらしない大酒飲みであるという楽師のイメージは根強い。確かに、酒好きの演奏家もおり、なかには酒の匂いをぷんぷんさせながら結婚式の会場に到着する輩もいるので、このイメージには根拠がないわけではない。しかしその一方で、このようなイメージがあるから一切酒には手を出さない演奏家も大勢いる。パラニサーミ先生もその一人だった。

ただ、彼の伴奏者たちのなかには酒を飲むものもおり、パラニサーミ先生も黙認していた。ある日、先生のグループの演奏をビデオ撮影するために、私の家に招いたことがあった。屋上で撮影を終え、下の部屋で休んでいると、タヴィル奏者二人が、「ちょっと」と言って部屋から出て行った。どこへ行ったのかと思っていると、パラニサーミ先生は、困ったもんだというような顔をして、親指を口の方にむけて、これだよと言った。酒を飲むことを表す仕草である。案の定、しばらくして戻ってくると酒が回っている。目上の人の前でタバコなどを控えるのは、一般的なエチケットなので、師匠の前で酒を飲むことは憚られたのだろう。

ある時、結婚式での演奏が終わってから、若いタヴィル奏者にアラックを飲みにいこうと誘われた。アラックは、自家製の蒸留酒で、悪質な場合は工業用のアルコールなどを混ぜることがあるらしく、新聞でも死者や失明者が出たなどの記事を目にしたことがあった。どんなところで飲んでいるのか興味があったので同行することにした。パラニサーミ先生には、黙っているように言われた。連れて行ってくれたのは、場末の小屋のような建物で、非合法営業だから看板などはもちろんない。なかにはテーブルと椅子があるだけだった。小さな裸電球が天井からぶら下がっているだけでなかはやけに暗かった。つまみなどは一切ない。グラスに入れたアラックが運ばれると、彼は一気に飲み干した。強烈な味で、私が一口だけしか飲めないでいると、彼は「いいか?」というような顔つきになり、残りを一気に飲んだ。ただ酔うためだけに飲むのが、ペリヤ・メーラムの演奏家たちの一般的な姿だった。

ナーガスワラムと声楽

ナーガスワラムを学び始めて半年ほどが過ぎた十月のある日、パラニサーミ先生は、稽古が終わってから、近くに住んでいるブラーマンの声楽家カラッカード・ラーマナーラーヤノ・アイヤル（一九一〇―一九九二）の家に連れていってくれた。アイヤルは、パラニサーミ先生の声楽の師匠で、孫弟子である私を温かく迎えてくれた。音楽家に会いに行くとよくあることだが、「音楽はどこまで習ったのかい。少し歌って見なさい」と言われた。

「歌は苦手なので、ヴィーナを習っているんです」

「師匠はだれかね」

「ブリンダ先生です」

私がこう言うと、少し驚いた顔をして、

「あのブリンダ・ムクタの？　あまり弟子は取らないと聞いているが」

「はい、そうみたいです」

「じゃあ、家にヴィーナがあるから、少し弾いてみなさい」

声楽家なのでヴィーナはないだろうと考えたのが間違いだった。覚悟を決めて、ある曲の最初の部分だけを弾いた。

「君のような日本人がアメリカで勉強して、今はインドで私たちの音楽を学んでいるなんて、一昔前では考えられない」と感慨深げだった。

パラニサーミ先生は、ナーガスワラムをうまくなるには声楽を学ぶことが必須で、マドラスにいる演奏家の多くはその訓練を受けていないと、私に常々話していた。先生は、自分の音楽が他の演奏家たちと違うのは、正式に声楽を学んだからだと言う。

声楽の訓練が大事であるのは、旋律だけを知っていても、歌詞を知らなければ、声楽を思い起こさせるような音楽にならないからだ。南インドの古典音楽は声楽を基本としており、器楽の場合も声楽の音の装飾法を真似る傾向がある。ナーガスワラムは、息を吹き込む際に舌の先をリードに触れさせるかどうかで音が大きく変わる。舌の位置と動きがT音とH音を出すとき（言葉を話すときに舌の先が口蓋の上部に触れるかどうか）に類似しており、それぞれトゥットゥカーラム、アハーラムと呼ばれる。この二つの奏法から得られる音質の違いを利用して、歌の歌詞のシラブルが発音される場所を、トゥットゥカーラムでなぞるように、演奏する。言い換えれば、歌を歌うように息を吹き込み演奏するので、声楽の微妙な音のニュアンスを真似しやすいと言われている。様々な楽器のなかで、ナーガスワラムが最も声楽に近いと言われるゆえんである。

声楽の重要性については、のちにナーガスワラム音楽の中心地といわれるタンジャーヴールの演奏家たちから、再三聞かされることになった。タンジャーヴールに伝わる演奏スタイルが、他地域の演奏と異なる最大の理由が、声楽の素養の有無であるという。イサイ・ヴェーラーラルの演奏家たちが、マルットゥヴァルの演奏家を低く評価する理由の一つもこの点にあることを、パラニサーミ先生は多分に意識していたと思う。実際に、チェンナイでは声楽の基礎を学ばずにナーガスワラムの演奏をするマルットゥヴァルの楽師が多いことも事実であり、かれらとの違いを強調することで、自らの優位を示そうとしていた。パラニサーミ先生は、マルットゥヴァル・カーストに付随するマイナス・イメージから自分たち一族の演奏を引き離し、音楽演奏の面で、最も正統だとされる声楽の素養に基づいていることを示そうとしていたのだ。しかし、イサイ・ヴェーラーラルの演奏家たちが、その方式をタンジャーヴールのスタイルだと公言しているため、巧妙にその地域のスタイルであるという形容をしないよう注意していた。

結婚式

南インドのヒンドゥー教徒の結婚式では、ナーガスワラムの演奏家たちを招いて音楽を演奏してもらうことが半ば義務づけられている。ナーガスワラムの音楽はマンガラ・イサイ（吉兆の音楽）といわれ、その音に吉兆が宿るという考えがひろく共有されているからだ。結婚式ではナーガスワラムが必ず演奏されるので、この音が聞こえてくると、近くで結婚式をしていることがすぐに分かる。南インドの映画には、結婚式の場面がよく出てくるが、そのＢＧＭとして使われるのもこの音楽だ。演奏家たちが場面に登場することは稀だが、音楽は必ずと言っていいほど背景で流される。南インドの人々には、この音楽が聞こえていないと結婚式の感じがでないのだ。それほど、ナーガスワラムの音楽と結婚の結びつきは強い。

ナーガスワラムの演奏家にとっては、結婚式は最大の収入源である。寺院に所属している演奏家には、奉仕に対して月給が支払われるが、それだけでは生活できないことが多い。寺院での演奏の特典は、定期的に人の集まる場所で演奏することの宣伝効果であり、寺院での演奏を見て、結婚式の演奏に招かれることがある。ナーガスワラム音楽を奏でることは神への奉仕であり、結婚式で演奏すると寺院での演奏（奉仕）を休まなければならないから、引き受けないという行者のような老楽師もいたが、極めて例外的であった。

タミル人の結婚式は、タミル暦に基づいて行なわれ、結婚に適した月とそうではない月がある。私が弟子入りしてからの数ヶ月間は、結婚式に適した月が続いたので、パラニサーミ先生は多忙を

写真16　結婚式で演奏するパラニサーミ先生の楽団。結婚式場の入り口付近で、花輪を交互にかけあう儀礼をしているところ。マドラス市、1986年。

極めた。稼ぎ時であるので、目一杯依頼を引き受けるからだ。結婚式での演奏の実態を調べることは、私の調査の重要な課題の一つだったので、できるかぎり一緒についていった。

通常は、弟子もしくは伴奏者が先に現地に行って師匠の到着を待つ。師匠の楽器なども先に運んでおく。パラニサーミ先生は、演奏の時間までに現地に着くようにする。会場が近ければ徒歩で、離れていればバスやオートで会場に出向く。楽師たちは、結婚式で行なわれる様々な儀礼に合わせて、演奏する場所を移動する。私はパラニサーミ先生たちの後ろに陣取って、かれらが演奏する音楽と、儀礼の進行や招待客の行動を記録していった（写真16）。

結婚式で、招待客が注目するのは新郎新婦

であり、結婚式を構成する儀礼の進行である。誰に聞いても、結婚式にペリヤ・メーラム音楽は不可欠であるというが、音楽を熱心に聞いているものはほとんどいない。演奏家の存在にすら気付いていないように見えた。唯一例外の瞬間が、ゲッティメーラムと呼ばれる一種のファンファーレが演奏される時である。結婚式では、儀礼上重要な瞬間が幾つかあり、その時点でゲッティメーラムを演奏することが慣習となっている。儀礼が行なわれているときには親族が周りを取り囲んだりするので、演奏家たちはその様子が見えないことが多い。そのため、ゲッティメーラムを演奏する段になると、僧侶や周りにいる親族たちが手を上に上げ、人差し指を突き出して、前後に振りながら「ゲッティメーラム！」と演奏家に向かって叫び、合図を送る。その一瞬だけ、皆の注意が楽師たちに向く。演奏家たちは、その時点でどのような曲を演奏していようとも、直ちにゲッティメーラムを演奏し、儀礼の瞬間が終わるのを見計らって、それまでに演奏していた音楽に戻る。

南インドでは、花婿が花嫁の首にターリと呼ばれる結婚を象徴するネックレスをつけることで婚姻が正式に成立する。この瞬間に、女性の位置づけが未婚から既婚に移行するため、結婚式のクライマックスであるとともに、悪影響を受けやすい危険な瞬間でもある。くしゃみや咳などの音は不吉であると考えられていて、この瞬間にそれらの音が会衆の耳に届くことによって、不幸がもたらされると信じられている。ゲッティメーラムを演奏する理由の一つは、これらの音をかき消すことにあるので、演奏家たちはひときわ大きい音で演奏する。

ペリヤ・メーラム音楽では、演奏される音だけでなく、その音を出す楽器や演奏する演奏家の出で立ちも、吉兆をあらわすといわれてきた。演奏家にとって身なりも大切で、結婚式での演奏の前には入念に準備をする。結婚式で演奏する日には、私は前もってパラニサーミ先生の家に行き、準備の様子を見てから、一緒に会場に向かうようにしていた。念入りに髪をとかし、顔にパウダーを塗り、特大のリングを指にはめ、金のネックレスをする。折り目の付いた上等のシャツを着て、ショールを肩にかけるのが流儀である。弟子や伴奏者たちを引き連れ、ショールをたなびかせながら、結婚式場に到着すると主催者が満面の笑みで挨拶にやって来る。

二十世紀の前半には、有名なナーガスワラム奏者を結婚式に招くことは社会的なステータスであった。経済人、文化人たちは競って有名音楽家を招き、時には莫大な謝金が支払われたという。極端な場合には、演奏家の予定に合わせて結婚式の日取りを決めたという例さえあった。演奏家たちの豪華な出で立ちは、かれらが演奏する音楽とともに、結婚式の目出たさを増幅すると考える年配の愛好家が多かった。

二十世紀の初頭には四日かけて結婚式を行うことが普通であり、裕福な家庭では一日ごとに異なる演奏家が招かれた。式は徐々に短くなり、八〇年代半ばには、一日半で終了することが多かった。現在では、結婚式場の使用料の高騰もあり、二十四時間以内で終わらせることが一般的になってきている。この期間が演奏家の拘束時間でもある。

結婚式前夜には、花婿を式場に迎えるジャーナヴァーサムと呼ばれる儀礼が行なわれる。裕福な家庭の結婚式の場合、正装した花婿をのせた赤いスポーツカーが、ゆっくりと式場に向かい、音楽

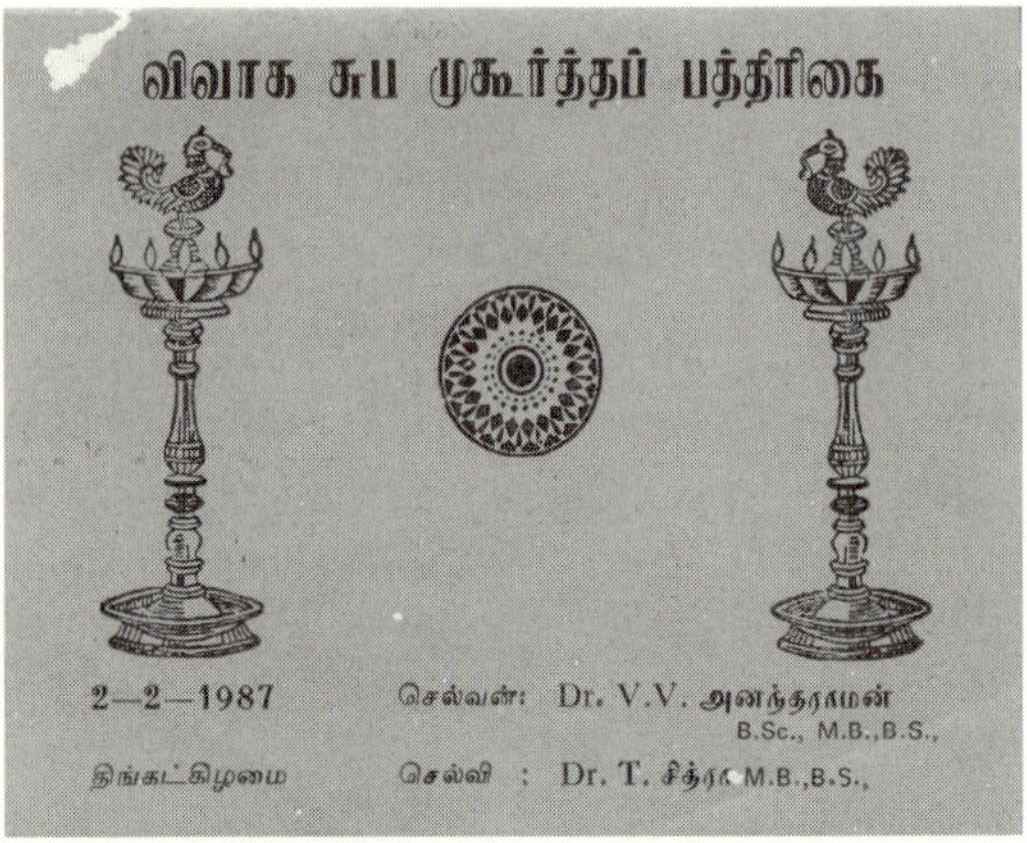

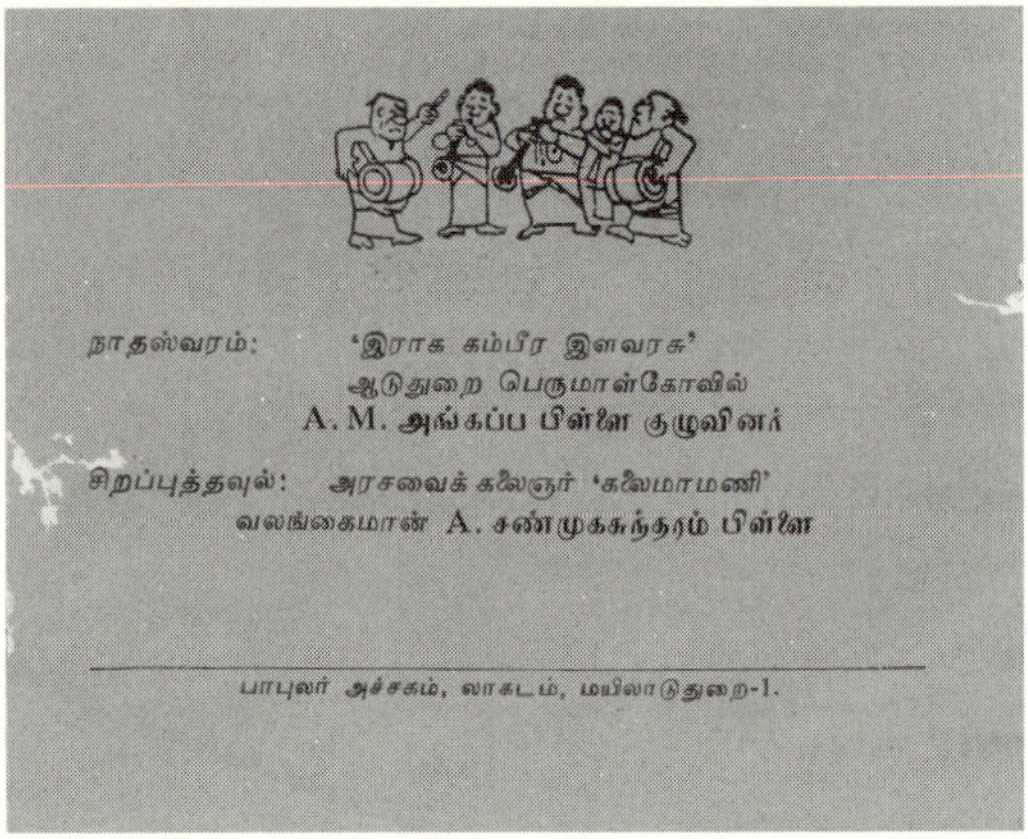

写真17　結婚式の招待状。表紙には新郎新婦の名前と結婚式の日程、裏表紙にはナーガスワラム奏者の名前が、ゲストのタヴィル奏者の名前と共に記されている。1950年代ころから、著名タヴィル奏者がゲストとして加わることが多くなった。1987年。

家たちは演奏しながらかれらを先導した。元来、花婿の到着を音で知らせるためにペリヤ・メーラム音楽が演奏されたが、近年、マドラスでは交通事情が悪化しているため、渋滞を引き起こす行列行進は行なわれず、このような音楽演奏もなくなった。

翌朝は、婚儀が成立する日で、ムフールッタムと呼ばれる。結婚式のクライマックスであるターリを花嫁の首につける儀礼を頂点にして、前後に一連の儀礼が行なわれる。いくつかの儀礼では、音楽家たちが演奏するラーガや楽曲が決まっている。例えば、カーシ・ヤーッティライは、ヒンドゥー教徒の聖地ベナーレス（カーシ）に巡礼（ヤーッティライ）に旅立つ花婿を、花嫁の父親が引き止め、娘と結婚するように嘆願するという一連の所作を行う儀礼である。この儀礼では、ナーガスワラム奏者は、アサーヴェーリというラーガで即興演奏を行い、父親が花婿に嘆願する段になると、そのラーガで作曲された「ラーラーマインディダーガ」を演奏し始める。この楽曲の歌詞は、帰依するラーマ神に向かって、自分の家に留まってくれるように嘆願するもので、作曲者のラーマ神に対する帰依が、花嫁の花婿に対する心情に重ね合わされている。花嫁にとって花婿は神であり、信者が神に対して仕えるように、主人に接することが理想的であるという考えに基づいている。このラーガや曲が流れると、招待客はカーシ・ヤーッティライが行われていることが分かる仕組みだ。楽師の卵たちは、このような儀礼における音楽演奏のノウハウを、伴奏者として演奏に参加することで徐々に学んでいく。

結婚式の手配は、花嫁側が担うのが普通である。結婚式の日取りが決まると、カリヤーナ・マンダパムと呼ばれる結婚式場の予約をし、僧侶、演奏家、料理人を雇う手配をしなければならない（写真18）。昨今ではこのような結婚式の準備を一手に引き受ける結婚コントラクター（請負業）と呼ばれる新手の職種が定着しつつあるが、八〇年代半ばまでは、個別に手配しなければならなかった。人気のある結婚式場は、一年以上前から予約しなければならず、式場を確保できたとしても、僧侶、

写真18　結婚式の準備をする料理人の助手たち。花嫁側は、結婚式場、僧侶、楽師、料理人を手配するだけでなく、花婿側への持参品や贈物も半ば義務づけられているため、経済的な負担は大きい。マドラス市。

音楽家、料理人がそれぞれ多忙になるので、早く手配をしなければ結婚式を開けない。運良くここまで決まっても、招待状の印刷から、花婿側への贈答品、持参品の調達まで、しなければならないことは山ほどあり、また出費もかさむ。このように花嫁側に過重な負担がかかるので、娘がたくさんいる両親の悩みは大きい。

以前、ナーガスワラムの音楽家は結婚式だけでなく、人生の様々な局面で行なわれる儀礼で演奏することが一般的であり、その家で祝い事があると、同じ楽師が招かれていた。このような雇い主と楽師の関係は代が変わっても継続した。調査時には、ナーガスワラムの演奏が不可欠と考えられているのはカリヤーナム（結婚式）とウパナヤナム（ブラーマンの聖句授与儀礼）だけになっていたが、それ以前には、一歳の誕生日、学業の開始、婚約、妊娠、六十歳と八十歳の誕生日などにも僧侶と楽師を招いて儀礼を行なった。

八〇年代半ばには、結婚式以外の儀礼でも楽師を招くことが稀にあった。パラニサーミ先生が、一歳の誕生日を祝うアプタプールティという儀礼に招かれたため、喜んで同行した。儀礼は、雇い主の自宅で行なわれた。僧侶は居間の一角で儀礼を取り仕切り、楽師は玄関の前で演奏を続けた。ハイライトは子供の耳にピアスを開けることで、そのためだけに招かれた床屋カーストの専門家が、泣き叫ぶ子供の耳に孔をあける。この儀礼自体は今でも行なわれているが、楽師を招くことはほとんどなくなり、伴奏音楽は市販のカセットやCDで代用されるようになった。

楽師に演奏を依頼する際には、花嫁の父親または両親が、楽師の家を訪れ、日取りや謝礼について話し合う。条件が合えば契約が成立し、花嫁の両親は謝礼の前金を渡して帰る。パラニサーミ先生は、名のある楽師の家には、雇い主である花嫁の両親が訪れて演奏の交渉をするのが普通であるという。

結婚式場で演奏されるナーガスワラムの音楽は、カーストによる音楽の好みを反映している。一般的にブラーマンは古典音楽を好むので、古典音楽に共通点の多いペリヤ・メーラム音楽の最も良き理解者でもある。楽師たちにとっては、演奏を正当に評価できる知識を備えた人たちが多く集まるので、気を抜いた演奏はできないという緊張感がある。優れた演奏には金のメダルなどの贈物で応える熱狂的な音楽愛好家も少なからずいた。楽師にとって、このようなメダルは技量やステータスを表す勲章であり、楽器につけた紐に自慢げにぶら下げられる。かれらは、メダルを贈られた場所や雇い主についてはっきりと覚えていて、すぐ来歴を述べることができる。しかし、ブラーマンの結婚式でさえ、音楽に耳を傾ける人はそれほど多くないように見えた。パラニサーミ先生たちのすぐ後ろにいた私には、近くで聴いている人をあまり見かけなかったからである。「ナーガスワラムはやっぱりBGMにすぎないのか」とすこし残念に思ったが、これは私の早とちりだった。結婚式が終わってから、「今日のあなたの師匠の演奏はよかった」というようなコメントを私に言い残して帰る人が少なからずいたからだ。

ナーガスワラムは、とにかく音が大きく、近くで聞くと身体が刺されるようにさえ感じる。少し離れて聴いていた人がおり、また、そう見えなくとも、儀礼に参加しながら音楽を聴いている人たちがいたのだった。ナーガスワラムは、稀にコンサート会場で演奏されるが、そんな場合も、観客は後ろの方に座り、前の方はガラガラだった。

ブラーマン以外の結婚式では、古典音楽への愛着はうすく、そのかわりに映画音楽が好まれる。これは、かれらの一般的な音楽志向を反映している。映画音楽のヒット曲をリクエストされる場合が多いため、楽師たちのなかには、カセットなどを聴いて、その時々に流行っているヒット曲を覚えようとしているものも少なからずいた。

しかし、楽師たちが困ることもある。映画音楽のヒット曲のなかには、ムハーリやレーヴァティのような悲しみを表現するのに適したラーガで作曲された曲があり、それらをリクエストされる場合である。特にムハーリは、葬送儀礼で歌われるラーガであるため死のイメージが付着している。もともとラーガの名前であるが、悲しみを表す表現となっており、「ムハーリ・パーダーデ」（ムハーリを歌わないで）は、「悲観的になるな」とか「悲しまないで」という意味をもつ慣用句である。

全インド・ラジオ局は、政府の要人が亡くなると、追悼の意を表すための音楽を流す。その際には、必ず悲しみを表現するラーガが演奏される。昭和天皇が崩御された時、私はちょうどマドラスに滞在中で、ラジオからムハーリの重苦しい旋律が流れていた。行く先々で弔辞を述べられたことも強く印象に残った。

別の理由だが、アーヒリというラーガのリクエストにも楽師たちは困惑する。このラーガは悲しみを表すわけではないが、「アーヒリを朝演奏すると楽師が飢える」という俗信があるため、楽師たちは午前中にこのラーガを演奏することを避ける。婚儀成立の儀礼（ムフールッタム）は早朝行われるため、このラーガをリクエストされるとジレンマに陥ることになる。

これらのラーガは、結婚式では演奏しないというのが楽師たちの共通認識であり、リクエストがあれば、伝統を重視する楽師なら、依頼主に慣習を説明して納得してもらう場合もあるし、逆に伝統に無知あるいは無頓着な楽師のなかには、顧客を喜ばすために、すすんで流行の曲を学び要望に応えるものもいる。ブラーマンの結婚式では、招待客のなかに必ず音楽好きがおり、もし楽師が知らずにこれらのラーガを演奏すれば、伝統を守るように忠告したという。

結婚に適した月でも、日によって適不適がある。結婚式に適した日には、町のそこここにある結婚式場からナーガスワラムの音が聞こえてくる。私が立ち止まって、入り口で音楽を聴いていると、会場内に招かれることが多かった。「誰も知らないのですが」と躊躇しても、一緒に祝って下さいなどといわれ歓迎してくれた。こういう場合、必ずインドで何をしているのか訊かれた。私が調査について説明すると、楽師に紹介してくれることが多かった。また、会衆のなかにはナーガスワラム音楽の愛好家が一人や二人はいて、私が楽師の近くで音楽を聴いていると声をかけられることが多かった。そうやって、その人たちの私の調査への反応や演奏しているナーガスワラム奏者への評価を聞くことはためになったし、パラニサーミ先生以外の楽師の演奏を聴くことも、演奏内容やスタイルの違いを知るのに役立った。儀礼の所作や進行などで分からないことがあると、周りにいる年配の参加者に訊くことにしていた。このようにして参加した結婚式はかなりの数に上る。また、式が終わると是非食事をと誘われ、他の招待客と一緒に食堂でご馳走になった。その頃には楽師たちも演奏を終え食堂に入ってくるので、その場で、かれらの師匠、活動の拠点、その日の演奏などについて質問したりした。特に大きな結婚式場には、かなりの頻度でタンジャーヴール地域からナーガスワラム演奏家が招かれていることが分かった。

ほとんどの結婚式では、プロの写真家とビデオの撮影隊が雇われている。このため、私が写真やビデオを撮っていても、特に注意を払うものはいないし、積極的に被写体に近づいても嫌な顔をされることはない。パラニサーミ先生が演奏する結婚式だけではなく、たまたま招き入れられた場合でも、撮影に対して苦情を言われたことは一度もなかった。逆に、会衆は協力的で、撮影に適した場所を教えてくれたり、そのような場所を確保してくれたりする場合もあった。雇われている写真家たちは、重要な場面を取り損じては商売にならないので、結婚式の式次第について非常に詳しい。かれらの動きから、式の進行や主催者にとっての重要点を把握することができた。昨今は、大事な場面を撮り損なうと、カメラマンたちが僧侶や新郎新婦たちに儀礼の所作をもう一度行うように指示するという本末転倒の行為がごく普通の光景になっている。

地方都市への演奏旅行

パラニサーミ先生は、マドラス市内で演奏することがほとんどだったが、時折よその町から招かれることがある。私がナーガスワラムを習い始めて一ヶ月ほど経った五月初旬、タミルナードゥ州中部の町、ティルチラッパッリ（ティルッチ）にある音楽協会が企画した公演に招かれた。地方への演奏旅行を体験するのにいい機会なので、同行することにした。

伴奏者を含め総勢六人で、私にとっては初めての夜汽車に乗りこんだ。夕食にパラニリーミ先生の奥さんが用意してくれた弁当を食べ、話をするうちに寝る時間になったが、一番安い二等車なので寝台はない。どうやって寝るのだろうと考えているうちに、皆はそれぞれ場所を見つけて横になり始めた。タヴィル奏者は床にごろり。パラニサーミ先生は座席で横になり眠ってしまった。気がつけば起きているのは私だけになった。座ったまま眠ろうとしたが、我慢できなくなり、タヴィル

写真19　パラニサーミ先生は、タミルナードゥ州中部にある地方都市の音楽協会が主催するコンサートに招かれた。看板には、先生が所属するシヴァヴィシュヌ寺院の名が記されている。ティルチラッパッリ市、1986年。

奏者の真似をして床にルンギを敷いて横になった。すると、少し離れたところで二匹の大きなゴキブリが動いているのが見えた。ゴキブリに這い上がってこられるのを防ぐために、頭からすっぽり布をかぶったら、今度は蒸し暑くて息苦しい。我慢していたが疲れが極限に達し、いつしか眠りに落ちた。

固い床だったので、目覚めると体中が痛かったが、朝のさわやかな空気に包まれると急に元気が出た。一年で一番暑い時期だったので、すぐに猛暑になるのは分かっていたから、早朝の涼しい一時は貴重だ。車窓から目に飛び込んでくる水田の緑はまぶしいほど鮮やかだった。

パラニサーミ先生たちの演奏は力が入っていたが、観客は少なく、公演が成功だったのかどうか判断がつかなかった。それでも、優秀なナーガスワラム奏者が多数住む地域から招かれることは名誉なことだったようで、パラニサーミ先生は満足そうだった（写真19）。

ラッチャッパー先生への弟子入り

パラニサーミ先生にナーガスワラムを習い始めたとき、インド滞在中はずっと彼のもとで音楽を学び、一族の生活世界を詳細に観察記録していくつもりだった。しかし、私が弟子入りして一年近くが経ったころ、先生の長男が交通事故にあい入院せざるをえなくなり、事情は大きく変化した。先生は、私に教える時間を全くとれず、連絡もままならなくなった。滞在期間の制限から、紹介してもらったパールッタサーラティさんにも了解をとって、別の先生を探すことにした。この時点までにインタビューをした楽師のなかで、とくに印象に残っていたティルヴァールール・ラッチャッパー・ピッライ先生に、事情を説明して、教えを乞うことにした（写真20）。

先生は、イサイ・ヴェーラーラルとして知られる音楽職能カーストに属し、タンジャーヴール県のティルヴァールールで、二十代続くナーガスワラム奏者の家系の出身である。彼の知識の豊富さと人脈の広さに魅かれて弟子入りを請うたのだが、タンジャーヴール地域の寺院における演奏伝統を熟知していることや、私が関心を持ち始めていた二十世紀前半の大演奏家ティルヴァーヴァドゥドゥライ・N・ラージャラッティナム・ピッライの伴奏をした経験があることも魅力的だった。さらに、ラッチャッパー先生の家系は、ティルヴァールールにある有名なティヤーガラージャ寺院で代々儀礼音楽の演奏を担当してきており、この寺院における演奏伝統の調査を計画していた私には

写真21　若き日のラッチャッパー先生のポートレート写真。10代から演奏者として頭角を現し、著名なナーガスワラム奏者の家系出身であることも手伝って、早くから大物演奏家との共演を繰り返した。ラージャラッティナムの伴奏者を10年以上務めた。

写真20　ラッチャッパー先生。名門の家系に生まれ、大学におけるナーガスワラムの教育でも先駆者的な役割を果たした。マドラス市、1989年。

最適であった。

パラニサーミ先生からラッチャッパー先生へと師匠を変更したことは、予期せぬ非常事態が原因であり、初めから計画していたわけではないが、結果としてカースト帰属の異なるナーガスワラム奏者に師事することになり、両者の違いやライバル関係について双方の視点から学ぶことができたことは大きな収穫となった。

ラッチャッパー先生と相談して、週二回程度のペースでご自宅に通うことになった。先生の家はマンダヴェリと呼ばれる地域にあり、ブリンダ先生の家よ

写真22　タンジャーヴール出身の住み込みの弟子（左）に稽古をつけるムラリ（右）。ラッチャッパー先生の自宅屋上で。マドラス市、1988年。

りは遠かったが、バスで乗り換えなしで行くことができたので不便はなかった。一階の商店の横にある狭い階段を上がると、二階が先生の住居だった。その上は屋上になっており弟子たちの練習場所にもなっていた。先生には四人の子供がおり、そのうち三人は音楽で生計を立てるべく研鑽していた。長男は音楽とは異なる仕事をしていたが、次男のコーダンダパーニ（パーニ）はヴァイオリン奏者で、マドラスでは演奏する場がないと判断して、九十年代からイギリスに移住した。ロンドン郊外のタミル人集住地域に音楽学校を設立し、主にスリランカ系タミル人の子供たちに音楽を教えている。現地で出会ったスリランカ系タミル人女性と結婚しており、イギリスに永住するつもりだ。長女のシータラクシュミ（シータ）は才能あふれる声楽家で、素晴らしい声の持ち主でもある。しばらく、父親のラッチャッパー先生と同じように、マドラスの州立音楽大学で教えていたが、彼女の場合も公演の機会に恵まれず、後に兄に請われてイギリスに渡った。パーニの学校で教えながら、舞踊公演の伴奏者としても活躍している。一番下のムラリは父親のあとを継いでナーガスワラムを学んでいた。私がラッチャッパー先生の家に通っている頃、タンジャーヴールから来た少年が弟子として住み込んでおり、建物の屋上でムラリが兄弟子として稽古をつけていた（写真22）。

ある時、ムラリが、イタリア人の留学生と結婚すると言いだして大騒ぎになったことがあった。彼女は古典舞踊バラタナーティヤムを習うためにマドラスに来ていたのだが、ムラリと知り合い恋仲になった。彼のバイクでデートをしていたようだ。先生の家にも来ていたので私も話したことはあった。ラッチャッパー先生と奥さんは全く英語を話さないので、結婚を許してよいのかどうか迷っていたようだ。どのような人物かも分からないので、私に話をして欲しいと言う。当時、ムラリの英語はかなり怪しかったし、彼女はほとんどタミル語がわからなかったので、二人はどのように意思の疎通をはかっているのだろうと不思議に思ったが、恋とはそういうものなのだろう。末っ子のムラリは少し頼りなさそうな少年だったが、彼女といると自信たっぷりに行動するので可笑しかった。二人は結婚することになったが、残念ながら、しばらくして彼女はイタリアへ戻った切り音信不通になったらしい。

ペリヤ・メーラムは、元来、師匠から弟子へと個別に伝承されていたが、一九五〇年代には音楽学校や大学などで集団で学ぶ形態が新たに加わった。ナーガスワラムを学べる機関として、州立の音楽大学のほかに、寺院が経営する音楽学校があった。ラッチャッパー先生は、アンドラ・プラデーシュ州ティルパティにある有名寺院に併設されている音楽大学のナーガスワラム教師を務めたあと、一九七三年にマドラスにある州立音楽大学の教員として迎えられた。

ナーガスワラム学校は、音楽の伝承の方法を変えただけでなく、カースト間の音楽の伝承を促進した。州政府が運営する音楽学校、大学におけるナーガスワラム教授のポストはほとんど例外なく、イサイ・ヴェーラーラルの演奏家によって占められていた。イサイ・ヴェーラーラルが、ナーガスワラム音楽の正当な継承者であると広く考えられていたことは事実だが、政治的な要因も少なからず影響していたようだ。タミルナードゥ州の政権を担当していた、有力政党ＤＭＫ（ドラヴィダ進歩党）の党首であるＫ・カルナーニディは、タンジャーヴール県ティルヴァールール出身のイサイ・ヴェーラーラルであり、タミル文化の新興に力をいれていたからだ。ラッチャッパー先生はカルナーニディと同じカーストの出身であるだけでなく同郷でもあったので、個人的にも彼と面識があり、マドラスの自宅で面会したこともあるという。

カルナーニディは、一九九七年に、州内すべての県に、ペリヤ・メーラムをはじめとするタミル音楽文化を振興するための音楽学校（アラス・イサイパッリ）を設置する方針を決定した。ラッチャッパー先生は、マドラスの音楽大学を退職したあと、この州立音楽学校制度の顧問となり、実績評価を担当していたので、州内の学校を頻繁に巡回していた時期があった。末っ子のムラリも、

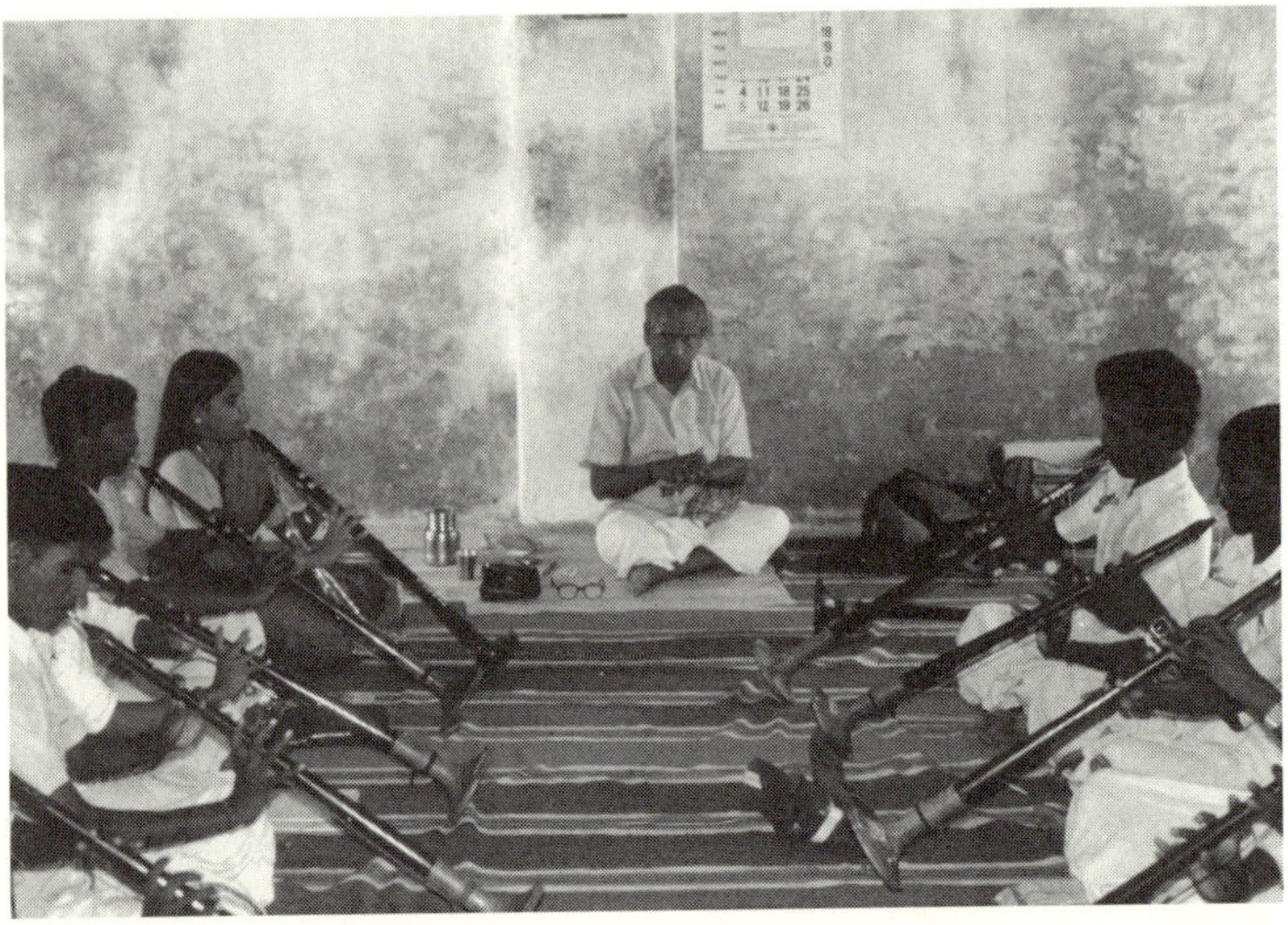

写真23　タミルナードゥ州立の音楽大学で授業をするラッチャッパー先生。生徒のほとんどは床屋カースト出身者（マルットゥヴァル）である。大学の修了年限は3年間で、学習期間は伝統的な伝承方法に比べかなり短い。マドラス市、1988年。

州立音楽学校のセーラム校でナーガスワラムを教えている。

ラッチャッパー先生が教鞭をとった州立音楽大学はマドラスにある（写真22）。マドラスを含むタミルナードゥ州北部のナーガスワラムの楽師は、マルットゥヴァル・カーストに属しているので、この音楽院に通うナーガスワラムの生徒も、ほぼ例外無くこのカーストの出身者だった。ナーガスワラムを学ぶことは、楽師という職業につくための準備であり、趣味や教養として学ぶものはほぼ皆無である。そのため、音楽大学のペリヤ・メーラム科は職業訓練校の様相を呈していた。将来の儀礼音楽の演奏者を確保するために州政府が運営しているので、授業料が免除されるだけでなく、少額の奨学金も支給されていた。マルットゥヴァルの生徒たちは、ほぼ例外なくナーガスワラム奏者の家系の出身だったので、学校に行かずとも親族からナーガスワラムを学ぶはずである。かれらにとって、音楽大学への進学は、タンジャーヴール地域出身の演奏家から無料で音楽を学べ、小遣いまでもらえる「おいしい」話だった。

ラッチャッパー先生は、一人前のナーガスワラム奏者になるには、十五年から二十年ほどの歳月が必要であると考えていた。タンジャーヴール地域でインタビューした年配の演奏家たちも、ほぼ同じような考えをもっていた。この見方からすれば、三年間で修了する音楽大学のナーガスワラム・コースはあまりにも短い。先生も、音楽大学で教えることができるのは音楽の基礎的な部分で、卒業後に個別に演奏家に弟子入りし、副ナーガスワラム奏者として研鑽を積んでから、自分のグループをもつのが望ましい、と繰り返し言っていた。しかし、卒業生のなかには、すぐにアンサンブルのリーダーとして演奏を始める生徒がおり、学校制度の弊害であると考えていた。

ブリンダ先生とパラニサーミ先生から習った楽曲は、テルグ語とサンスクリット語の歌詞がついたものが大多数だったが、ラッチャッパー先生からは、それらの楽曲に加えてタミル語楽曲を学んだ（写真24）。また、寺院で演奏される特別な音楽ジャンルもラッチャッパー先生から教わった。古典音楽とペリヤ・メーラム音楽は、演奏される楽曲のほとんどは共通しているが、ペリヤ・メーラム音楽でしか演奏されない儀礼曲が存在する。その代表格がマッラーリで、主に神像が神輿や山車に乗せられ行列行進をする際に演奏される。歌詞のない器楽曲であるため古典音楽で演奏されるこ

写真24　通いの弟子に声楽を教えているラッチャッパー先生。ナーガスワラム奏者になるには声楽の素養が必要であり、優れた声楽家である者も多い。マドラス市、1987年。

とはない。

マッラーリは、比較的短い旋律（通常、リズム周期の二つ分の長さ）を順に速度を変えて演奏する方法を指し、旋律とリズム周期の二つの異なるリズムが同時進行するクロスリズムが生まれる。倍ごとに速度をかえるので、偶数拍のリズム周期の場合はそれほどでもないが、奇数拍のリズム周期では旋律とリズム周期がずれることによってより複雑なクロスリズムが生まれるため正確な演奏は難しい。マッラーリの演奏では、最初の速度を1とすると、1→2→1→1/2→1→2→3/2→1の順に変化させる。特に、演奏の後半部で最初の速度より五十パーセント速くする技法は、スリリングなクロスリズムを作り出す。偶数拍のターラでも正確な演奏は難しいが、奇数拍のターラではより一層その難度が増す。

このような複雑なリズムの演奏や長時間にわたる即興演奏の技法は、イサイ・ヴェーラーラルのナーガスワラム奏者たちのお家芸だったし、かれらが、タンジャーヴールの寺院で長い時間をかけて作り上げた音楽の遺産であるとラッチャッパー先生は考えていた。そのようなイサイ・ヴェーラーラルの歴史的貢献を、ブラーマン中心の音楽界が全く認知しないばかりか、自分たちが作り上げたかのような発言をすることに強い不快感をもっていた。タンジャーヴール地方で聞き取り調査をするにつれて、このようなブラーマンに対する不信感が、イサイ・ヴェーラーラルの音楽家たちに広く共有されていることが徐々に分かるようになった。

ナーガスワラム演奏家の音楽に対する情熱を感じた印象的なことがあった。ある日稽古のためにラッチャッパー先生の家に行くと、家全体がいつにない活気に満ちていた、何か祝い事でもあるのかと思ったほどだ。玄関先に立ったときも華やいだ声がなかから聞こえてくる。ムラリがやってきて戸を開けるやいなや、「昨日の演奏に来たら良かったのに。最高のできだったよ」と、興奮冷めやらぬ表情でいった。私は用事があり見に行けなかった。演奏を実際には見ていない奥さんまでが興奮気味で、家中がお祭りのような騒ぎだった。ラッチャッパー先生は、いつものように控えめだったが、それでも「来ていたらいい演奏が聴けたのに」と残念そうだった。演奏は生もので、その日のできの善し悪しは予想ができない。普段より意気込んで始めた演奏が失敗に終わったり、初めは乗り気でなかったとしても記憶に残るような演奏になるときもある。ナーガスワラムの楽師たちにとって、音楽は生活の糧であるが、かれらが秘めている音楽への熱い気持ちを肌で感じることができた。

カーストをめぐる攻防

マドラスを中心とするタミルナードゥ北部地域では、ペリヤ・メーラム音楽の演奏に関して、イサイ・ヴェーラーラルとマルットゥヴァルの二つのカースト集団が、ライバル関係にある。

パラニサーミ先生に弟子入りして、ナーガスワラムの稽古にもある程度慣れてきたある日、パラニサーミ先生がレッスンのために私の家に来てくれた。その日、レッスンが終わって居間で休んでいると、コーヒーを運んできたギリジャーが、彼の家族の安否について尋ねた。パラニサーミ先生はちょっと迷惑そうな顔になり、軽く首を振っただけで何も応えなかった。私は、この二人が遠い親戚筋でお互い知り合いであることを、迂闊にも気がつかなかった。それまでにも二人が接触することはあったが、少なくともパラニサーミ先生は、ギリジャーと知り合いであるような素振りは一切見せなかった。翌日このことをギリジャーに聞いてみると、「彼は大演奏家だから、私達と一緒にしてほしくないんでしょ」と笑っていた。何日かたって、パラニサーミ先生に思い切って聞いてみた。

「ギリジャーとは親戚なんですか」

「チュンマー（ちょっと）……」

パラニサーミ先生は、否定はしないものの歯切れが悪い。それ以上聞いてほしくないのは明らかだった。この表現のニュアンスを伝えるのは難しいが、「とるにたらない」という話し手の意図が伝わってくる。

パラニサーミ先生は、いわゆる床屋カーストであるマルットゥヴァルに帰属している。楽師と床屋は、このカーストの主要な職業の選択肢である。兄弟のうち一人が楽師で、もう一人が床屋であることも珍しいことではない。シヴァの長男もマドラス市内で理髪店を営んでおり、私もお世話になったことがあった。楽師で成功するためには、音楽に対する適性が必要なので、誰でもなれるわけではない。

パラニサーミ先生を含め、マルットゥヴァルの楽師たちが、床屋という職業と距離を置きたい理由がある。それは、イサイ・ヴェーラーラルの楽師や、かれらの音楽を好む愛好家たちのあいだで、マルットゥヴァルの楽師は、副業として音楽に関わっているので、専業の楽師たちには音楽の質でかなわないというイメージがあることだ。

イサイ・ヴェーラーラルの楽師のなかには、マルットゥヴァルの楽師が話題になると、頬にカミソリを当てる仕草をして、

「あの楽師は、これだから……」

ということがある。このような時には、たいがい声を潜めて言うので、見下す意図があるのはあきらかだ。パラニサーミ先生のように、子供の頃から音楽を学び、床屋家業を一度も経験したことが

ない楽師が大勢いることは、かれらも承知しているのだが、片手間で音楽をやっている、といった否定的な位置づけが多くみられた。このような言動の背景には、ペリヤ・メーラム音楽に関わる二つのカーストの競合関係がある。

逆に、マルットゥヴァルの楽師に話を聞くと、カーストが話題になることはほとんどない。かれらには、イサイ・ヴェーラーラルの場合のように、音楽史に名を残すような大演奏家が存在しない。パラニサーミ先生や彼のグループのメンバーに直接聞いたこともある。

「有名な楽師はタンジャーヴール出身が多いんですね」

答えは、

「昔はそうだったかもしれないが、今は何処も同じだよ」

「今はいないでしょ。この辺りの楽師のほうが上手だ」

といったものが多かった。

シヴァのような人気と実力を兼ね備えたマルットゥヴァルの演奏家が出てくると、イサイ・ヴェーラーラルたちも彼の存在を認めないわけにはいかないが、

「下手ではないが、タンジャーヴールでは、あれくらいの奏者はいくらでもいる」

「上手だが、タンジャーヴールとはスタイルが違う」

などといい、自分たちとの差異を強調する。

このような競合関係が存在するため、イサイ・ヴェーラーラルの演奏家がマルットゥヴァルの弟

子をとることは極めて珍しかった。近隣の州からタンジャーヴールへ弟子入りする楽師の息子たちは少なくないが、かれらは、タンジャーヴールの演奏スタイルを学んだ後、それぞれの故郷に帰っていくため競争相手にはならないのだ。

しかし、一九五〇年代に音楽学校でナーガスワラムが学べるようになると、状況が大きく変わり始めた。音楽学校や大学ではイサイ・ヴェーラーラルの教師を務めるが、タミルナードゥ北部地域における生徒はほぼ例外無くマルットゥヴァルである。

ラッチャッパー先生の、音楽大学時代の教え子であるテイナンペット・ラヴィの娘が初潮を迎え、二〇〇三年一月にマンジャル・ニラットゥ・ヴィラーと呼ばれる成人儀礼が盛大に行われた。結婚が可能な女性としてお披露目をすることが主な目的である。マルットゥヴァル・カーストの儀礼であったので、会衆には多くの演奏家が親戚縁者として来場しており、特にM・K・S・シヴァがナーガスワラムの演奏に招かれていた。マドラスで一番人気のナーガスワラム奏者であり、またコミュニティの名士であるシヴァが演奏するからか、会場の一角にあるステージの前には、音楽を聴くための椅子が並べられていた。タヴィル音楽の重鎮であるA・K・パラニヴェル（イサイ・ヴェーラーラル）も一番前の席に陣取って、ターラを打ちながら演奏を楽しんでいた。シヴァも伴奏者たちも、タヴィル界の大御所が見ているので、ぴりぴりとした緊張感が漂っていた。かれらは儀礼の進行はそっちのけで演奏にのめり込んでいるようだった。このような緊張感は、いつ経験してもスリリングであり、その場に居あわす幸せに感謝した。

写真25　音楽大学での教え子の娘が初潮を迎え、成人儀礼が行なわれた。来賓として招かれたラッチャッパー先生が、娘を祝福し祝儀を手渡しているところ。マドラス市、2003年。

この儀礼にはパラニサーミ先生も招かれており、久しぶりに再会した。事故にあった彼の息子は、今では恰幅のいい一人前のタヴィル奏者に成長していた。パラニサーミ先生が演奏するときには、少し恥ずかしそうにターラムを演奏していた少年だったが、今では結婚して子供までいるという。演奏を聴いたことはなかったが、タヴィル奏者としても音楽協会から賞をもらうほどの実力を身につけていた。先生は、以前のように寡黙であったが、覇気がなく心配になった。私はしばらく連絡も取っていなかったので罪悪感にかられた。

ラッチャッパー先生は、ラヴィの師匠であるので、来賓として招かれていたが、ラヴィの娘を祝福すると、用意された食事を食べずに先に帰ってしまった（写真25）。本人ははっきりとは言わなかったが、低カーストとの共食を避けるためだった。食事を共にするかしないかは、カースト間の序列を内外に向けて表明する手段の一つであり、ラッチャッパー先生のなかにも、カースト間の越え難い壁があることを強く感じた。

音楽の録音

ペリヤ・メーラム音楽を録音するときに大きな失敗をしたことがある。私の調査では、音楽の録音をすることは必ずしも最重要課題ではなかったし、また寺院などでは録音を許可されなかったこともあったが、優れた音楽家の演奏は記録として録音したかった。市販のカセットテープも売っていたが、そのほとんどはスタジオでの録音だったので、儀礼の伴奏音楽としてのペリヤ・メーラム音楽の記録を残したかった。

一般的に、アンサンブルの録音では各パートの音量のバランスを保つことは容易ではないが、ペリヤ・メーラム音楽の場合も例外ではない。ナーガスワラムも大きな音がするのだが、タヴィルの音はそれにもまして強烈であるため、録音するとナーガスワラムが聞こえにくくなるという問題があった。また、マイクを近づけると、ナーガスワラム奏者の指遣いや息づかいによる細かい音の変化を録音できるように感じたため、ある結婚式で座って演奏するナーガスワラム奏者の至近距離にマイクを置いたことがあった。太鼓の音以外にも、結婚式ではみなが大きな声でしゃべっているので、そのような「雑音」があまり入らないようにという思いもあった。演奏はすばらしく、期待して録音を聴いたのだが、波長が長い低音部がほとんど録音されておらず、私が聴いていたのとは全く異なる、カスカスの「やせた」音だった。楽器は音源を様々な方法で増幅する工夫がなされているが、増幅前の音しか聞こえなかったのだ。演奏家からは録音の許可を前もって得ていたので、いつもよりはりきって演奏してくれたのだが、彼の期待にも応えられず悔しい思いをした。この経験以降、自分自身の耳で楽器間のバランスのよい場所をみつけ、そこで録音するようにしている。

第五章　楽師を探して南へ

音楽の都タンジャーヴール

ペリヤ・メーラムについて少しでも愛着や知識がある人に話をすると、例外なくこの音楽の中心地はタンジャーヴールだという。タミルナードゥ州中東部に位置するタンジャーヴール県は、ベンガル湾に注ぐカーヴェーリ川のデルタにある。肥沃な土地は稲作に適しており、南インド屈指の米作地域である。マドラスから夜汽車で一晩走ると、翌朝早くに現地に着く。起きがけの目に飛び込んでくるのは、目も覚めるような水田の緑だった。

タンジャーヴールは、豊かな農業経済を背景にして歴代の王朝が栄えた地域でもある。十世紀から十四世紀にかけては、チョーラ王朝が、領域内に多数の巨大寺院を建立した（写真26）。現在でも、タンジャーヴール県は、タミルナードゥ州において人口に対して最も寺院の数が多い地域であるとされる。少し古いが、一九七一年の統計では、タミルナードゥ州の九パーセントの人口を占めていたタンジャーヴール県に、全体の十七パーセントの寺院があった。チョーラ朝以降も、ナーヤカ（十六～十七世紀）、マラーター（十七～十九世紀）の宮廷が栄え、歴代の王には音楽を庇護するものが多かったため、広い地域から音楽家、舞踊家らが集まった。このため、カーヴェーリ川の水を飲んで育たなければ一流の音楽家になれないとまで言われた。ブリンダ先生の一族も、遅くとも十八世紀の終わりからタンジャーヴールの宮廷に庇護されており、先生の名前の一部であるタンジョールは、タンジャーヴールの植民地期の名称である。

写真26　タンジャーヴール市にあるブリハデーシュワラ寺院のヴィマーナム（本堂）。チョーラ王朝のラージャラージャ１世によって11世紀に建立された。ヒンドゥー寺院で神に対する供物として演奏された音楽や踊りが南インドの古典音楽・舞踊のルーツの一つである。1986年。

ナーガスワラムの調査

フィールドワークにおける私の当初の目的の一つは、ペリヤ・メーラム音楽が、寺院で実際にどのように演奏されているのか、またその演奏慣習が二十世紀を通してどのように変化してきたのかを記録することだった。このような大まかな目的はあったが、対象とする地域もタイムスパンも膨大であり、どこから手を付ければよいのか見当がつかなかった。調査の対象と手順を決める際に大いに役に立ったのは、私の研究に興味をもってくれた演奏家や現地研究者の助言や協力だった。次にあげる二つの団体には特にお世話になった。

（1）支援団体「ナーガスワラーヴァリ」

ナーガスワラム奏者たちが不当に冷遇されていると感じている音楽家や愛好家たちが非営利団体ナーガスワラーヴァリを設立して、地方の名手をマドラスに招いてコンサートを開いたり、功績のあった演奏家に賞を授与したり、音楽家への年金支給について州政府に働きかけたりしていた。

この団体の設立者の一人であるタンジョール・ウペンドラン（一九三四―一九九一）はイサイ・ヴェーラーラルのムリダンガム奏者だった。ナーガスワラム奏者の家系の出身で、妻は、当時タヴィル演奏の第一人者といわれたヴァランガイマーン・シャンムカスンダラム・ピッフイ（一九二〇年生まれ）の娘だった。ナーガスワラーヴァリには、南インド全域から四百人以上の会員が登録されており、かれらが準備した住所入りの会員名簿を私の調査のために提供してくれただけでなく、主要なナーガスワラム奏者の演奏の特徴なども教えてくれた。

ナーガスワラーヴァリの学問的な支柱は、ペリヤ・メーラム研究の第一人者として知られるB・M・スンダラム（一九三五年生まれ）だった。彼の父親であるニーダーマンガラム・ミーナークシスンダラム・ピッライ（一八九四―一九四九）は、タヴィル史上に名を残す名演奏家だったこともあり、数多くのペリヤ・メーラムの演奏家たちと親しかった。スンダラム先生が私の調査に興味を示してくれ、協力してくれたことで、南インド各地の演奏家への連絡が容易になっただけでなく、調査への理解も得やすくなった。先生は、ブラーマンが大多数を占める音楽学界のなかで活動する、数少ないイサイ・ヴェーラーラルの研究者の一人である。

スンダラム先生の研究領域は幅広いが、彼が編纂した音楽家・舞踊家の伝記集は、ペリヤ・メーラム音楽の過去を再構築するうえで極めて貴重な基礎資料であり、私も再三レフェレンスとして使わせてもらった。ペリヤ・メーラムは、彼自身の研究対象の一つであったが、惜しみなく情報や資料を提供してくれたことに深く感謝している。非公式ではあったが、私の博士論文の実質上のアドバイザーだった。スンダラム先生は、全インド・ラジオ放送のポンディチェーリ局に勤務していたので、そこに本宅があったが、タンジャーヴール市内にも小さな家を持ち、そこを隠れ家的な仕事場として使っていた。ある時、そのご自宅で夜を徹して音楽の話をし、明け方ちかくに、熟睡していたオートの運転手を起こして、人気の無い肌寒いタンジャーヴールの町をホテルまで戻ったことが懐かしい。

ナーガスワラーヴァアリの事務的な仕事をこなしていたのは、銀行員のN・シヴァラーマクリシュナンだった。IT関連の職業が成立するまでは、銀行員は花形職業の一つで、セミプロの古典音楽演奏家には昼間に銀行に勤めるものが多かった。シヴァラーマクリシュナンは、ペリヤ・メーラム音楽の熱狂的なファンで、スンダラム先生を人生の師と仰いでいた。ペリヤ・メーラムの音楽家たちがマドラスを中心とする音楽界から不当に扱われていることに心を痛め、この団体の立ち上げに関わった。私は、タンジャーヴール市内にある彼の実家にお邪魔して、オーソドックスなブラーマンの日常生活を体験させてもらい、彼がナーガパティナム（タンジャーヴール県の沿岸部にある港町）へ転勤になった時には、彼の家に居候しながら、一緒に音楽家の聞き取り調査をしたこともあった。私より少しだけ年上のシヴァラーマクリシュナンは、頼りになる兄貴分だった。実直な人柄で、楽師たちにも信頼されていた。

(2) 研究センター「サンプラダーヤ」

マドラスに到着してほどなく、出版社を経営するラームが、南アフリカ出身のマイケル・ニクソンを紹介してくれた。彼が設立した研究所が、南インドの音楽の記録や保存に目覚ましい成果を上げていたからだ。私がマドラスに到着した時、ニクソンは民族音楽学を学ぶために、アメリカ合衆国に留学する直前だったので、急いで会いに行った。彼は、南インド古典音楽に惚れ込み、自身もヴィーナを習っていた。師匠のサヴィトゥリ・ラージャンが、ブリンダ先生の祖母ダナンマルの数少ない弟子の一人であったこともあり、すぐに意気投合した。

ニクソンは、南インドの音楽芸能の記録・保存の必要性を強く感じ、一九八〇年にフォード財団の援助をとりつけて研究所を設立し、サンプラダーヤ（伝統）と名付けた。タミルナードゥ州には、音楽芸能アーカイヴが存在しなかったため、それに最も近い活動をしていたといえる。サンプラダーヤには、ミーラ・ラムモハン、パリマラ・ラオ、A・ジャヤンティの三名の優秀な研究員がおり、私も大変お世話になった。彼女たちが行った聞き取り調査の録音や、演奏伝統が途絶えかけていたペリヤ・メーラムの演目の録音コピーを手配してくれるなど、様々な便宜を図ってくれた。また、彼女たちと共同で音楽家にインタビューしたこともあった。私のインド滞在中に、ティルヴィーリミラライ兄弟として一世を風靡したナーガスワラム演奏家デュオの弟ナタラージャスンダラム（一八九六年生まれ）が健在であることがわかり、ミーラと一緒にマドラス郊外の自宅を訪れた。九十歳になる歴史的演奏家に聞き取りができたのは貴重な体験だった。この兄弟は、二人のナーガスワラム奏者が同じ旋律を一糸乱れず合奏する形態をつくった改革者たちだった。それまでは一人のナーガスワラム奏者が即興演奏を行うのが主流だった。また、ジャヤンティは、タンジャーヴール県北部の出身だったので、近くにあるチダンバラムの名ナーガスワラム演奏家、ラーダクリシュナ・ピッライ（一九〇六年生まれ）への聞き取り調査に同行してくれた。時間が経つにつれ、彼女たちはそれぞれ職場を変え、結婚して家庭を作ったが、彼女たちの家族を含め今でも交流を続けている（写真27）。

アメリカ合衆国に渡ったニクソンは、ウェスリヤン大学で修士過程を修めたあと、私が在籍していたワシントン大学の博士課程に進学した。インドでの調査の後、私はワシントン大学に戻ったので、二年間ほどは同じ学科に在籍することになった。ニクソンは、アパルトヘイトに反対して国を

写真27　サンプラダーヤでお世話になったスタッフとは、今でも交流を続けている。左から、パリマラ、ジャヤンティ、ミーラ。右端は、1998年以降、調査助手を務めてくれているラーマン・ウンニ。マドラス市、2006年。

出たリベラルな白人で、シアトル時代には留学生たちを集めて人種差別についての私的な勉強会を一緒に開いていたことがある。

　ここに述べた二つの団体の他に、T・シャンカランさんにも大変お世話になった。シャンカランは、スンダラム先生と並んで、ブラーマン中心の音楽界で存在を認められている数少ないイサイ・ヴェーラーラルの音楽研究者だった。音楽家の社会関係についても知りたいとヴィシュワに相談した時、真っ先に勧められたのがシャンカランに助言を求めることであった。ブリンダ先生の従弟にあたり、彼女からも会うことを勧められていた。シャンカランは、タミル音楽大学のディレクターや全インド・ラジオ放送の音楽プロデューサーとして長年活躍し、それらの経験を生かして幅広い人脈をもっていた。音楽家の伝記など著作も多い。

私がマドラスで調査を始めた時、一九〇六年生まれの彼はすでに八十歳であり、健康に大きな不安を抱えていたが、とにかく連絡してみた。ご自宅にお邪魔し、数えきれないほどの連絡先と、調査の可能性について教えていただいた。それ以後も度々お邪魔して、貴重なアドヴァイスをいただいた。音楽家について百科事典的な知識をもつだけでなく、当時ほとんど問題にされることのなかった音楽界におけるカーストやジェンダーの問題について深い関心を寄せていた。また、出版されることはなかったが、この問題に触れたエッセイを著していた。

シャンカランは、カースト関係の歴史を調べるのなら、ティヤーガラージャ・アーラーダナの歴史が重要であると言われていた。そこでは、非ブラーマンの音楽家がブラーマンと同等の権利を求めて運動をした場でもあったが、残念ながら、資料収集が困難だったこともあり、本格的な調査は未着手のままである。

地方の音楽文化

一九八六年七月、ウペンドランから「チダンバラムで公演をするので見に来ないか。その町にはナーガスワラムの大御所が住んでいるから紹介したい」という願ってもないお誘いをうけた。チダンバラムは、行政的にはタンジャーヴール県の北にある南アルコット県にあるが、文化的にはタンジャーヴール地域の一部である。ナタラージャを祀る有名寺院があり、ナーガスワラムの演奏が最も忠実に残されている寺院の一つとされていた。この寺院における演奏伝統についてはいずれ調査する必要があると考えていたので、渡りに船だった。私は喜んで行くことにした。

この経験は、私の視野を大きく広げてくれることになった。コンサートは小さな寺院の前に造られた特設ステージで行なわれ、チダンバラムに住むローカルなヴァイオリン奏者のデュオをウペンドランと叔父のシャンムガスンダラムがリズム伴奏をするものだった。元来、ムリダンガムは古典音楽、タヴィルはペリヤ・メーラム音楽で演奏されるリズム伴奏楽器だったので、共演することは珍しかったが、新しい表現方法を模索していたのだろう。楽器の構成が目新しかっただけでなく、マドラスで見慣れていた公演とは雰囲気がずいぶんと違った。この違いをうまく言葉で表すのは難しいが、見た目にも観客のカースト帰属や階層、年齢などの幅が広かった。

私は、マドラスが古典音楽の圧倒的な中心地であり、バンガロールやトリヴァンドラム（現ティルヴァナンタプラム）などの都市にも少数のプロ音楽家がいるが、他の地方都市では盛んではないと思い込んでいた。それまでの研究では、各地にあった宮廷に庇護されていた声楽家や伴奏者が、十九世紀の後半に宮廷の衰退にともなって職を失い、当時政治経済の中心地として台頭してきたマドラスに職を求めて大挙移住したことが強調されていた。それは事実である一方、地方にも古典音楽の灯は保たれていたのだ。著名音楽家、舞踊家だけに目を向けると、マドラスに一極集中していると考えがちであるが、古典音楽の演奏者や愛好家が地方にも存在すること、そしてかれらのカースト帰属が幅広いことを体験できたことは、ブラーマンが演奏家と観客の大多数を占めるマドラスの音楽界しか知らなかった私には、いい薬となった。地方における古典音楽の受容に目が向いていなかったことを大いに反省させられた。その後、大都市だけでなく、地方都市や中小の町を回って公演活動を続けた声楽家たち、ダンダパーニ・デーシカル（一九〇八―一九七二）、マドゥライ・ソーマスンダラム（一九一九―一九八九）やシールカーリ・ゴーヴィンダラージャン（一九三三―一九八八）の存在を知ることになるが、マドラスの音楽界だけで古典音楽文化を考えることの限界と危うさについて考える好機になった。

楽師に会いに行く

ナーガスワラーヴァリの会員リストをもとに、どの寺院の、どの楽師に会いに行くのか、大まかな方針を決め、それぞれの寺院での演奏の実態を調べるために、礼拝時の演奏を記録し、楽師に聞き取りをすることにした。タンジャーヴールでの調査は、一月に一週間程度と決めていたので、できるだけ近隣の地域にある複数の寺院を回るように計画した。寺院は、それぞれの日程に従って儀礼や祭礼を行うので、実際の演奏は、その一部を見られるだけである。とくに、重要な祭礼における演奏慣習があれば、そちらを優先して調査の内容と日程を調整した。

訪れる地域が決まると、次は実際に会いに行く手配をしなければならない。携帯やインターネットなどのない時代だったので、演奏家たちとは手紙で連絡をとった。楽師たちにインタビューの依頼をする手紙を書き、返事が返って来ると恋人からの便りのように嬉しかった。現地に着いても住所だけを頼りに家を探すのだが、見つけるのはそれほど難しくなかった。寺院に所属する楽師たちは、日々の礼拝時に毎日演奏するので、寺の近くに住んでいる。近所の人たちは誰が楽師か知っているから、名前さえ言えば、たいがいすぐに見つかった。しかし、家がみつかっても楽師たちが在宅中とは限らない。約束の時間より余裕をもって出かけるが、予期せぬことから遅れることがある。かれらが急に用事で外出することもある。

ナーガスワラムの演奏家の家を訪ねていく際には、果物をお土産に持って行った。これは、音楽家だけではなく、目上の人の家を訪問する際の手土産の定番だった。到着すると居間に通され、少し待っている間に家人が飲み物を出してくれる。水やチャイまたはコーヒーなどが多いのだが、日中に村を訪ねていくと、わざわざ近くの店から瓶に入った冷たい飲み物を買ってきてくれることも多い。暑い日にやっと楽師の家にたどり着くと、冷たい飲み物はありがたいのだが、私が内心恐れているものがあった。それはローズミルクだ。バラの香りをつけた甘いミルク飲料で、雑貨屋などで瓶入りを冷やして売っていた。私は人工的なバラの匂いが苦手だったし、この飲み物の鮮やかなピンク色は、北米で定番のシロップ状胃腸薬ペプトビズモルを思い出させた。しかし、せっかく出していただいたものを飲まないわけにはいかない。ある時、一日かけて同じ地域の楽師を何人かインタビューしたとき、行く先々で申し合わせたようにローズミルクが出されたことがあった。一本飲むのも一苦労なのだが、暑い日に冷えた飲み物をたくさん飲んだので、本物のペプトビズモルが欲しいくらいだった。

イサイ・ヴェーラーラルの楽師たちに話を聞くことは、私にとって実に楽しい経験だった。かれらの人を惹きつける話術もさることながら、かれらの記憶にある過去の大演奏家や演奏の様子が、私の創造力をかき立てた。また、楽師たちにインタビューを繰り返していくうちに、話しを引き出すこつのようなものが少しずつ身についていった。一方的に情報をいただくのではなく、話しの流れで自分のことを積極的に話したり、他の地域の例を出したり、また、差し障りのない程度に、それまでの調査で分かったことを伝えたりした。うまくいくと、お互い旧知の友人であるかのように打ち解けて話しをすることができた。もちろん、あまりうまく話しが進まず、通り一遍の情報しか得られないこともあった。その場合は、十分な信頼を得ることができなかった理由を考えて、次回に生かすようにした。帰国が近づいた頃には、会って最初の数分で、インタビューがうまくいくかどうか、大体の見当がつくようになった。

寺を訪ねる

訪れた町や村では、かならず寺院に行き、礼拝の時間にどのような音楽が演奏されるのかを観察し記録した。結婚式での調査とは対照的に、写真やビデオによる記録は難しかった。許可が得られる限り行ったが、様々な制限があり、体系的な記録には至らないことが多かった。主神が祀られている内殿にはヒンドゥー教徒しか入ることが許されていない寺院が多い。その場合は、内殿の入り口に立ち、耳をそばだてて音を聞くしかないが、儀礼の進行が見えないため、儀礼と伴奏音楽の関連はつかめない。楽師と先に懇意になり、かれらが僧侶や寺院の管理者に掛け合ってくれることもあったが、なかなか入場の許可は得られなかった。それでも、寺院の構造や敷地内における神々の配置などを前もって把握しておくことは、楽師の話を聞く上で役立った。実際の見聞と、楽師たちの語りと照合させて全体像を把握するようにした。

ティルヴァールールにあるティヤーガラージャ寺院は、寺院の演奏伝統の規範になったと考えられていたため、この寺院における調査は不可欠だった。ラッチャッパー先生の家系は、代々この寺院でペリヤ・メーラム音楽を担当してきた。寺院における演奏伝統を定めたとされるラーマサーミ・ディークシタル（一七三五―一八一七）は、この寺院を念頭において、音楽演奏の制度化を試みたと言われている。時間とラーガ、楽曲の関係を定め、自らも特定の場で演奏される曲を作曲したといわれている。つまり、一日のどの時間帯には、どのラーガを演奏すべきかを決めたのだ。ちなみに、ラーマサーミの息子であるムットゥスワーミ・ディークシタル（一七七五―一八三五）は、ティヤーガラージャと並んで、十九世紀前半に活躍した三人の大作曲家（三楽聖）の一人である。

では、寺院では実際にどのような演奏がくり広げられているのか。ラーマサーミが定めた方式は、いつ頃まで守られていたのだろうか。録音資料は全く存在しないので、年配の楽師から以前の伝統慣習について聞き取り調査をするしかない。何が共通しており、何が各寺院に固有の伝統なのかなどについて調べる必要があった。時間的な制約があるため、いくつかの寺院を選んで、実際の演奏を記録し、楽師たちにその内容と歴史について聞き取りをすることにした。

特にこの寺院で演奏されてきたナーガスワラムは、バーリ・ナーガスワラムと呼ばれ、通常演奏されるナーガスワラムよりも短く、演目もこの寺院にだけ伝承されている特殊なものだった。ラッチャッパー先生の従兄弟にあたるセルヴァガナパティさんが、当時この寺院に所属する楽師だったので、彼を通して僧侶と交渉してもらったが、内殿へ入る許可さえもらえなかった。

儀礼の様子をビデオカメラで記録することは断念せざるを得なかったので、本来の脈絡でないことは承知で、近くの結婚式場を借り、そこでセルヴァガナパティさんに寺院での演目を演奏してもらった。通常、ナーガスワラムにはタヴィルでリズム演奏をするが、この寺院では、キディケッティと呼ばれる二つ一組の太鼓を、先がループ状に曲がった籐のスティックで叩くユニークな習慣がある。このように、それぞれの寺院には独自の演奏方法があり、使われる楽器や演奏される楽曲にヴァリエーションがあった。私はそのごく一部に触れただけだったが、調査当時それらの伝統の多くが消滅の危機に瀕していた。ペリヤメーラムの楽師たちは結婚式での副収入があるが、寺院でだけ演奏される楽器の楽師たちは苦しい生活を強いられていた。この職業には将来がないと考え、息子たちには他の職業を勧める楽師が多かった。

境内に入るだけでも厳しい条件を課している寺院があった。今述べたティヤーガラージャ寺院の場合もそうだが、ケーララ州トリヴァンドラムにあるパドマナーバスワーミ寺院は、特に厳しかった。この寺院では、トラヴァンコール王国の王スワティ・ティルナル（一八一三―一八四六）が作曲した楽曲が儀礼の伴奏音楽として演奏されており、寺院演奏伝統のヴァリエーションを知るためにも、是非見ておきたかった。ヒンドゥー教徒でない場合は、寺院の敷地内に入るだけでも地域の有力者からの推薦状が必要だったため、知り合いを通じて音楽舞踊学校カーラマンダラムの所長を務めたことがあるN氏を紹介してもらった。面談して調査の目的などを説明したあと推薦状を書いてもらった。しかし、実際になかに入る際には、上半身裸で、下半身はドーティ（腰布）をまとわなければならず、所持品は、カメラや録音機器はもちろんのこと、時計や筆記用具を含め一切が持ち込み禁止だった。なかに入ってからは全神経を集中させて見るもの聞くものを覚え、寺院から出るとすぐに記憶を辿ってノートに書き記したが、記録できたのはほんの一部だった。幸い、その日演奏した音楽家に翌日話を聞く機会があり、彼の説明と実際に体験した儀礼の様子を照合して概要を理解することができた。

　年次祭礼では、神像が神輿や山車に乗せられて、寺院の外に出てくる。公的な空間なので撮影に制限はなかったが、別の問題があった。人気のある寺院の大祭は、身動きが取れないほど人出が多い。一方で、儀礼の進行に注意を払い、他方では、スティルカメラ、ビデオカメラなどをもちながら、人混みのなかを自分の行きたい方向に進むのは容易ではない。山車などが動きはじめると、特定のアングルから観察・記録したいのだが、その場所に辿りつけない場合も多かった。

写真28　楽師へのインタビュー。一人で行くことが多かったが、ここでは、ナーガスワラーヴァリのシヴァラーマクリシュナン（左）が同行してくれた。タンジャーヴール県タンジャーヴール市、1987年。

インタビュー

私は、音楽家にインタビューをする際、原則として一人で行うことにした。カースト関係など微妙な内容を含む場合、第三者がその場にいると話を聞きにくい場合があるからだ。つまり、その人のカースト帰属や立ち位置によって話の内容がかなり異なったものになる可能性が大きいからだ。幸い最後の半年ほどは、かれらの言うことはかなりの精度で理解できるようになっていた。タミル語が上達したこともあるが、音楽の理解が進んだので、より的確な質問をできるようになったことが大きかった。また、同じ音楽家にできるだけ複数回話を聞き、語りに揺れが無いか調べるように努めた。

インタビューは、許可が得られる限り、録音することにした。当時の媒体はカセットテープであり、ソニーのTCD－5を使って録音した。タミル語のインタビューの場合、わからないもしくは解釈に自信がない事柄について、あとで誰かに聞くことができるというのが本来の趣旨だが、録音の必然性を楽師に納得してもらうのにも便利であった。音楽家たちには、研究以外の目的で再生をしないことを約束して、録音の許可を求めた。ほとんどの音楽家は快く受け入れてくれたが、話が進むうちに、特定の箇所だけ録音を止めるように要求されることがあった。録音を止めた上で、匿名を条件として話してくれたこともあれば、録音をとめてもそれ以上話すことを拒否される場合もあった。このように音楽家たちが情報を提供する際に慎重になるトピックは、カーストに関する事柄が最も多く、他の演奏者の評価、音楽史の認識がそれに続いた（写真28）。

特に、音楽家たちはカーストに関する話題には慎重だった。南インドのヒンドゥー社会におけるカーストは、ブラーマン、非ブラーマン、ダリット（不可触民）の三グループに大別される。それぞれのグループは細分化されるが、音楽家の意識のなかでは、ブラーマンと非ブラーマンの区別が大きな分岐点となっている。ペリヤ・メーラムの楽師たちは、ごく一部の例外を除いて、非ブラーマン・カーストに属している。ダリット出身の古典音楽家はほとんどいない。

録音の有無にかかわらず、ナーガスワラムの演奏家たちはその場にブラーマンが居合わせているかどうかに極めて敏感だった。インタビューをしている間に、かれらの家を訪ねてくる人がインタビューに興味をもち、座って私達のやり取りを聞いている場合もあれば、話に参加してくる場合もある。友人が訪ねてくると音楽家が手招きして一緒に話に参加するように促すこともあった。それは自然の成り行きなので、私はそのような展開を歓迎していた。音楽家と第三者のやり取りを見ることができる貴重な機会だった。

ブラーマンがその場にいないことを確かめると、かれらの話は急にブラーマンによる差別的な言動にシフトすることが多々あった。このような場での語りは公表できないゴシップ的な内容を多く含んでいた。特にブラーマンの偽善的な傾向を示す逸話が多く語られた。いずれにせよ、ナーガスワラム演奏家たちの録音の可否への反応が、かれらにとっての情報の重要度、危険度を整理する上で大いに役立った。

タミル語には、地域による方言が存在するが、ブラーマンが話すタミル語と非ブラーマンが話すタミル語にも、明確な差が存在する。私がワシントン大学で学んだのは、シフマン先生が「標準非ブラーマン方言」とよぶもので、語尾変化、語彙、発音の仕方に特徴がある。たとえば、「いらっしゃい」という表現は、標準的な非ブラーマン方言では「ヴァーンガ」であるが、ブラーマン方言では「ヴァーンゴ」という。たった一つのシラブルの違いだが、タミル語話者にはすぐにカースト帰属がわかる。妻を表す語が、非ブラーマンの「ヴィートゥレ」に対してブラーマンの「アーッタレ」となる。ちなみに、両者とも文字通り「家のなか」という意味で、日本の「家内」に通じていて興味深い。また、Sの発音を非ブラーマン方言では「ス」と発音するのに対し、ブラーマン方言では「シュ」と発音する傾向がある。元来、タミル語には「シュ」の音はなく、ブラーマンが得意とするサンスクリット語からの借用である。

非ブラーマンのなかには、ブラーマンの会話に頻繁に英語が挿入されるのは、かれらにタミル語やタミル文化に対する敬意や愛着がない証拠であると考えるものが多い。反ブラーマン運動では、ブラーマンは北インドから南部に侵入し、カースト制という悪弊を持ち込んだという批判が展開された。この位置づけについては、様々な見解があるが、イサイ・ヴェーラーラルの間では、広く共有されている考え方である。

言葉は生き物であるので、文脈によってこれらの社会方言を使いわけることがある。ある人気ムリダンガム奏者はイサイ・ヴェーラーラルであるが、ほぼ完璧なブラーマン方言を使う。これは、ブラーマン中心の古典音楽界で生き抜くための戦略であるとも考えられるが、イサイ・ヴェーラーラルの音楽家たちの間では嘲笑やからかいの対象ともなる。

逆に、ブラーマンのなかにも、社会方言をうまく使い分ける人がいる。非ブラーマンの組織に入っている間は、言葉も非ブラーマン方言に合わせるが、ブラーマン同士であるとブラーマンの方言に瞬時にスイッチする。非ブラーマンの音楽家の間では、ブラーマンの適応能力にコメントすることが多いので、私も何度か話しとして聞いてはいたが、実際に体験したこともあった。ティヤーガラージャの慰霊音楽祭で有名なティルヴァイヤールの町で調査をしていた時、非ブラーマンの音楽家をサポートする団体の集会に参加したときのことである。役員の一人であったブラーマンは、集会中は非ブラーマン方言に徹していた。私と二人になると、私には英語で話したが、通りかかった知り合いにはブラーマン方言で話していた。私がこの差に気付くはずが無いと思っていたのかもしれないし、この変わり身がどれほど意識的に行なわれているのかも不明だが、カースト関係における言語の重要性を示しており貴重な体験となった。

さらに、方言の差のほかに、話し方の差異もある。イサイ・ヴェーラーラルの音楽家には、話すときの表情が豊かで、声も大きく、豪快な話し方や誇張を好む人が多い。人をからかったり苦境を笑い飛ばす傾向もあり、かれらの話しを聞いていると飽きることがない（写真29）。

ナーガスワラムの皇帝

タンジャーヴール地域で聞き取り調査をしていたとき、ほぼ例外なくナーガスワラム音楽の第一人者として名前があがったのが、ティルヴァーヴァドゥドゥライ・N・ラージャラッティナム・ピッライ（一八九八―一九五六）だった（写真30）。ティルヴァーヴァドゥドゥライは、タンジャーヴール県クンバコーナム市の近くにある小さな村だが、シヴァ派の修道院があることで有名である。ラージャラッティナムは、晩年マドラスに居を移すまで人生の大半をこの村で過ごし、長年この修道院に所属する楽師であった。私が行なった数々のインタビューのなかで、彼の名前が出なかったことは一度もなかったと思う。

ラージャラッティナムは、文字通りナーガスワラム音楽界に君臨していたので、パトロンの一人が「皇帝」（チャッカラヴァルッティ）の称号を贈った。ラージャラッティナムはこの称号がいたく気に入り、名刺や便せんなどに記しただけでなく、公演の主催者が紹介の際にこの称号を言い忘れ

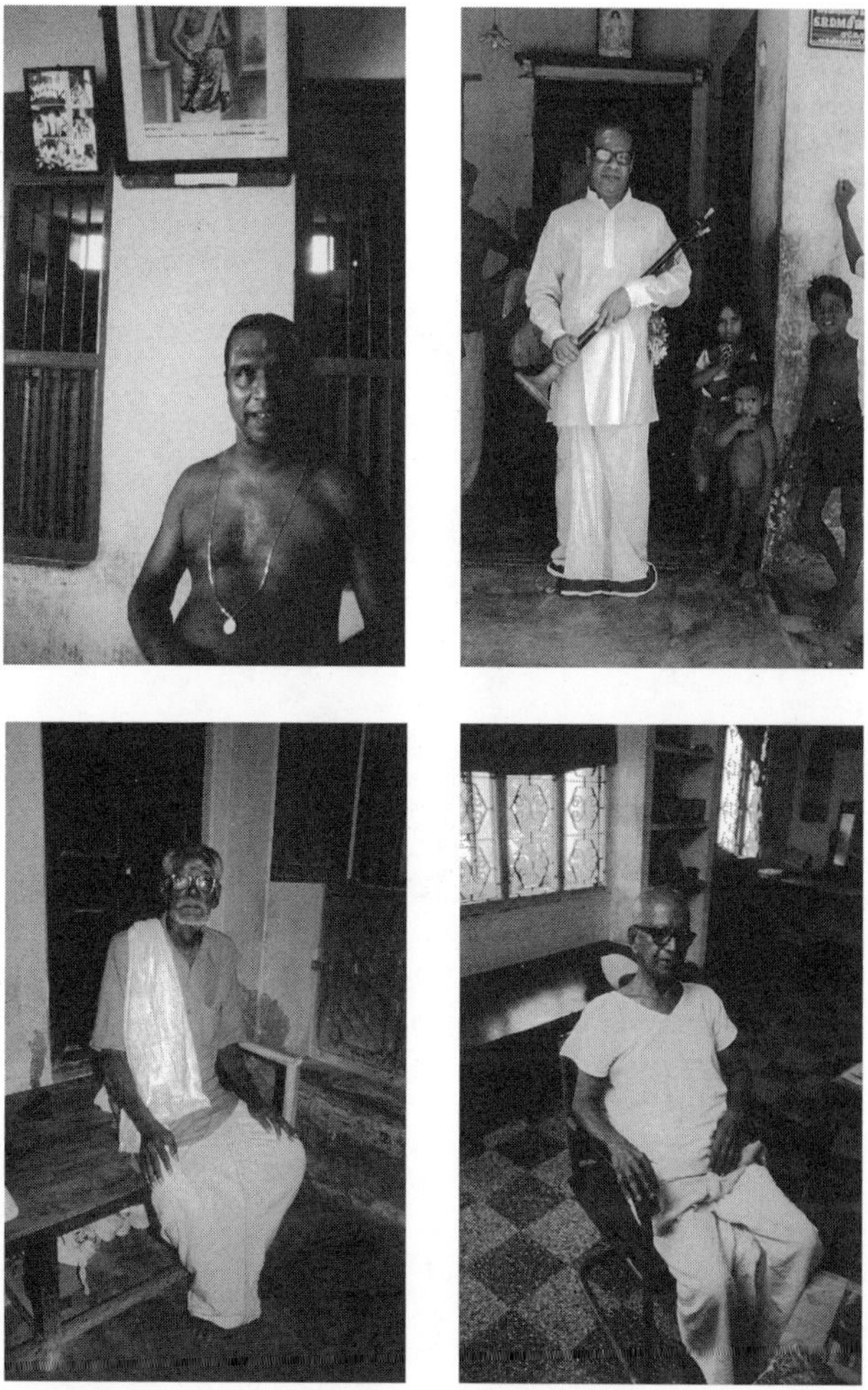

写真29　インタビューしたナーガスワラム奏者たち。左上から時計まわりに、インジックディ・カンダサーミ・ピッライ（1932–1988）、センボンナルコーイル・ムットゥクマラサーミ・ピッライ（1929年生まれ）、ティルヴィーリミラライ・ナタラージャスンダラム・ピッライ（1896年生まれ）、タンジャーヴール・ラーマサーミ・ピッライ（1913–1990）。

写真30　ラージャラッティナム・ピッライの有名なポートレート。1930年代から1956年に没するまで、「ナーガスワラムの皇帝」として音楽界に君臨した。

ようものなら、つむじを曲げて演奏をキャンセルすることさえあったという。

ラージャラッティナムは、一九三〇年頃から一九五六年に没するまで、常に音楽界の最前線を走りつづけた大演奏家だった。特に、ラージャラッティナムは、即興演奏の能力で評価されており、彼が、寺院祭礼にゲスト演奏家として招かれ、何時間も一つのラーガを演奏し、同じフレーズを一度たりとも繰り返さなかったという語りを、何度も聞いた。ナーガスワラムの大家であったが、声楽家としても優れ、ラジオ放送や公演も行なっている。

ラージャラッティナムは、私生活においても過剰を好んだ。人を圧倒することにこだわっていたようで、両耳に特大のイヤリングをつけ、その異常な大きさは自動車のヘッドライトに例えられた。指には幾つものリングをつけ、演奏をすると指の動きで光がたくさんの方向に反射したという。酒好きで公演の開始時間に遅れることは日常茶飯事だった。さらに、五人の妻をもち、その他にも派手な異性関係で浮き名を流した。特に名の知れた女性歌手や女優たちとの情事は、ことの真偽はともかく、好奇心を煽るトピックだった。この種の話題はもちろん公開できる性格のものではないが、一部の人間にだけ知られていたのではなく、ペリヤ・メーラムの演奏家の間で広く共有されている話題だった。

ラージャラッティナムの音楽や私生活についての語りを集めるうちに、語り手のカースト帰属によって、語りの内容に一定の傾向があり、かれらの音楽観や歴史観、美的観念、音楽界における現状への不満、カースト間の偏見などが、巧妙に埋め込まれていることに気がついた。その分析を博士論文の中心部分に据えることにし、一人の演奏家について語るという行為が、カースト間の文化交渉の場となりうることを明らかにしようとした。

ラージャラッティナムに焦点を当てることに決めてからは、この演奏家に関して存在するものすべてを収集するように努力した。音楽家や愛好家の語りだけではなく、伝記、新聞記事、写真、録音、インタビュー記事、ドキュメンタリー映画など、ラージャラッティナムに関する資料ならなんでも集めた。録音に関しては、私が確かめたものだけでも、SP盤の録音が二十九枚発売されていた。主に一九三〇年代にコロンビア社とオデオン社から発売されたものである。一部はカセットに収録され市販されていた。マドラス在住のレコード収集家だったV・A・K・ランガ・ラオさんは、そのうちの十四枚を所蔵しており、お願いしてカセットに録音してもらった。このなかには、多くの愛好家の記憶に残っているトーディ・ラーガの即興演奏も含まれている。ラオさんのコレクションは、幅広いジャンルを網羅的に収集しており、南インド音楽の歴史を研究するものは、みな彼のお世話になっているはずである。

南部の都マドゥライへ

一九八六年十月、タミルナードゥ南部の古都マドゥライを訪れた。マドゥライは、タンジャーヴールに次いで著名な演奏家を多数輩出してきた地域である。古典音楽におけるマドゥライ出身者は、マドゥライ・マニ・アイヤル（一九一二―一九六八）、M・S・スッブラクシュミ、マドゥライ・ソーマスンダラムなどそうそうたる面々が並び、優秀なペリヤ・メーラム演奏家も数多い。この町を訪ねたかった最大の理由は、私がナーガスワラム音楽に興味を持つきっかけとなったLPレコードの演奏家（マドゥライ兄弟）が、この町に住んでいたことだった。手紙を出すと、喜んで会ってくれると言う。日程を調整し、はやる気持ちを抑えながら訪ねていった。

セードゥラーマン（一九二八―二〇〇〇）とポンヌサーミ（一九三三年生まれ）兄弟は、私が遠く海外からナーガスワラムの調査にきていることを喜んでくれ、温かく迎えてくれた。かれらは、人気と実力をかねそなえたデュオで、居間には数多くの音楽賞のトロフィーや楯が飾られていた。私がナーガスワラム音楽に興味をもったきっかけが兄弟のLPレコードだったことを告げると、大きな声で豪快に喜んでくれたが、アメリカの図書館にかれらのレコードがあることにも少なからず驚いていた。インドと深く関わるきっかけを作ってくれた二人に、こうやって直に話をしていると考えるのはシュールでもあったが、かれらのレコードを最初に聴いたときの衝撃がよみがえった。

かれらの祖父にあたるポンヌサーミ・ピッライは、マイソールの宮廷（現カルナータカ州）の楽師となり、年に一度盛大に開催されるダサラ祭で演奏していた。音楽家を庇護することは宮廷の力を示す一つの手段であり、威信にかけて有名演奏家を招聘した。ポンヌサーミはマイソール宮廷の顔となり、宮殿の中にかけてある祭りの様子を描いた絵画などにも描かれるほどの名士になった。ナーガスワラム奏者には珍しく、音楽理論研究にも従事し、一九三〇年に『プールヴィカ・サンギータ・ウンマイ』を著したことで知られていた。後年、再版されるのだが、当時は入手が難しかった。そう告げると、かなり傷んではいるが、残っていた一冊を惜しげもなく提供してくれた。

マドゥライ兄弟に会いたかったもう一つ理由は、一九六八年にリリースされ絶大な人気を博したタミル語映画「ティッラーナー・モーハナーンバール」でかれらが音楽を担当していたからだった。この映画は、ナーガスワラム奏者が主人公となった数少ない映画の一つであり、その主人公のイメージは、ラージャラッティナムの人生をモデルにしていると言われていた。兄弟は、ナーガスワラム奏者を演じた名優シヴァージ・ガネーサンにナーガスワラムの特訓をした。といっても、ガネーサンは実際に演奏をしたわけではなく、マドゥライ兄弟の演奏に合わせて、いかにも自分が吹いているような演技をしたのだが、実際に演奏せずに、吹いているように演技するのは難しく、三日間続けて特訓したそうである。

写真31　自宅でくつろぐセードゥラーマン。窓の鉄格子は憧れの演奏家ラージャラッティナムのポートレートをもとに特注した。マドゥライ市、1986年。

ラージャラッティナムは、セードゥラーマンの演奏のヒーローでもあり、家の二階部分には、窓の鉄格子がナーガスワラム奏者の形にデザインされており、ラージャラッティナムの写真をモデルにしたという（写真31）。セードゥラーマンだけでなく、ラージャラッティナムは、イサイ・ヴェーラーラルの一大スターであり、血縁関係も師弟関係もないナーガスワラム奏者が、家に彼の写真を飾ったり、彼の成功にあやかるように息子に彼の名前を付けたりした。

マドゥライ兄弟は、知名度もあり、経済的にも成功した音楽家たちであったが、ペリヤ・メーラムの置かれた状況には悲観的で、ブラーマンの支援がまったくないことに大きな不満を抱えていた。特に、音楽協会が公演を企画しないのは、非ブラーマンに対する差別であると考えていた。

悲運の名演奏家たち

これまで記してきたナーガスワラムの演奏家たちは、いわば音楽界の表街道を歩んできた、成功者たちである。どの世界でもそうだが、光のあたる音楽家の影に、実力がありながらも様々な理由から第一線での活躍ができなかった、または中断せざるをえなかった音楽家たちが多数存在した。ここでは私の印象に残った三人の音楽家を紹介したい。

フィールドワークの終わりが近づいていた一九八七年の夏、私が絶対の信頼を寄せていたスンダラム先生から、運に見放された名人が小さな村に住んでいると聞き、会いにいくことにした。彼の名は、ティルッチェーライ・カリヤーナスンダラム・ピッライ（一九一八—一九八九）。タンジャーヴール県の小さな村に住んでいるという。音楽家は、遠方から公演に招かれるようになると、交通の便がよい地方の中心都市に引っ越すことが多い。聞いたことがないような小さな村に今でも住んでいるのは、成功していない証拠であると解釈されていた。

ティルッチェーライは数々の名演奏家を輩出した名門の村で、彼に会う少し前にも、この村の出身でマドラス在住の著名演奏家に話を聞いていた。カリヤーナスンダラムの家は藁ぶき屋根のあばらやで、暮らしぶりが良くないことは明らかだった。自己紹介してなかに招かれ、座って待っていると、足が悪いらしく、引きずりながらゆっくりと奥から出てきた。最初は少し警戒しているようだったが、私の質問に嫌がらずに答えてくれた。また、私がナーガスワラムについて少しは知識があることがわかってからは、次第に打ち解けて、いろいろな話をしてくれるようになった。

長居をしたので、昼食を出してくれた。こんなものしかないがと出してくれた食事は、豆のカレーに葉野菜が申し訳程度につけられた質素なものだったが、もてなす気持ちがこもっていて嬉しかった。食べ終わると、入り口の柱にもたれかかり、ナーガスワラムを取りにやらせた。今日は体調がよくないので少しだけといって、ラーガム（自由リズムの即興演奏）を演奏してくれた。ほんの数分程度だったが、端正で抑制のきいた格調高い演奏は、長年の鍛錬と非凡な才能がうかがえた。このような名人が、世に認められず、小さな村の一角で忘れ去られようとしていることに胸が痛んだ。カリヤーナスンダラムの演奏は私の心に触れ、彼が思う存分演奏する姿を記録したかった。帰国が迫っていたのですぐに録音の予定を立てることはできなかったが、博士論文の執筆までには少なくとももう一度渡印することが必要だと感じていたので、再訪することをその場で決心し、別れ際に「また来ますから、おからだを大切に」といって別れた。インドを離れてからもサンプラダーヤのジャヤンティを通して、連絡を取り合ったが、体調が万全ではないらしく、もう少し待ってほしいという連絡が二度ほどあった。残念なことに、一九八九年に亡くなったという知らせが届き、再会も録音もできずじまいだった。あの時すぐにでも行っておけばと後悔した。

もう一人、私に深い印象を残した音楽家がいた。彼女の名はマドゥライ・ポンヌッターイ。ナーガスワラム音楽史上、もっとも優れた女性奏者だと言われていた。ペリヤ・メーラムの奏者は圧倒的に男性が多く、女性はごく少数で色物扱いされることが多い。しかし、そのなかで、誰に訊いても優れた演奏者として名前があがったのが、ポンヌッターイだった。「男性のように演奏できる」

という評価をよく聞いた。フェミニストが眉をひそめるようなコメントだが、女性たちも同じ表現を用いることが多かった。

ポンヌッターイは、一九二九年にマドゥライで生まれた。私が初めて訪ねた一九八九年には、まだ六十歳だったが、かなり長い間演奏から遠ざかっていたため、ほとんどの音楽愛好家にとっては歴史上の人物になっていた。様々なつてを頼って彼女の居場所を調べ、マドゥライ郊外で息子一家と静かに暮らしていることを突き止めた。

写真32　若き日のポンヌッターイ（中央）。高価なシルクサリーに身を包み、颯爽と男性の伴奏者たちを引き連れる姿に憧れ、ナーガスワラム奏者を目指す女性たちが増えたという。

一九八九年の一月、手紙で連絡を取り、ナーガスワラムの調査をしているので是非協力してほしいと伝えると、息子からすぐに承諾の意を伝える返事が来た。住所を頼りに、このあたりのはずという場所でオートを下り歩いていくと、色あせた普段着のコットン・サリーを着た細身の女性が買い物袋を下げてこちらに向かって来る。髪は真っ白だが、顔にはしわが少なく肌のはりもあり、その落差が注意を引いた。若い時の写真を見たことがあり、そのイメージがこの女性の目鼻立ちのはっきりとした顔の輪郭と重なった。これがポンヌッタータイとの出会いだったが、往年の人気演奏家の末路なのかと思うと悲しかった。

彼女は小さい頃からナーガスワラムに強い関心を持ち、ナーガスワラム奏者だった叔父に教えを乞うた。反対されはしなかったが、誰も職業演奏家になるとは思わなかったのかもしれない。自分で認めるように「悪魔のように」練習した甲斐あって、みるみる頭角を現した。ひょんなことから、ナーガスワラムの第一人者だったラージャラッティナムの伴奏をする機会が与えられ、マドラスでその大役を無事につとめたことから注目され、広く音楽ファンに知られるようになった。

そんな彼女に悲劇が襲ったのは一九七九年。彼女の夫が亡くなったのである。人生の伴侶を失っただけでなく、演奏家としての生命をも摘み取られることになった。伝統的なヒンドゥー社会は、浄・不浄の概念が支配しており、寡婦は不浄であると考えられている。このため、結婚式などおめでたいと考えられている場へは不吉な存在として出席ができなくなる。前にも述べたように、ナーガスワラム奏者の収入源は結婚式での演奏に大きく依存しているため、彼女はその道を閉ざされることになった。しばらくはラジオ番組に出演していたが、それも次第に少なくなっていった。一世を風靡した人気演奏家は、忘れられるのも早かった。

彼女は長いインタビューにも嫌そうな素振りは全く見せず、私の質問に淡々と答えてくれた。彼

写真33　ポンヌッターイの類まれな才能を記録するために演奏をお願いした。長年のブランクがあったが素晴らしい演奏をしてくれた。マドゥライ市、1993年。

女のマドラス進出のきっかけを作ってくれたラージャラッティナムから来た手紙を大事に持っていた。彼の筆跡を見たのは私も初めてで、コピーをとらしてもらった。

ポンヌッターイの演奏家としての評判は高かったが、もう十年間も第一線から遠ざかっているので、まだ演奏ができるのだろうか。さわりの部分を少しだけ聞かせてもらったが、予想以上に素晴らしかった。次回にはきっちりと録音させて下さいと頼み、一九九三年、二度目に訪ねた時に、一族が立てた小さな祠のなかで演奏をしてもらうことになった。リズム伴奏がなければ長い演奏は難しいので、以前彼女の伴奏をしたタヴィル奏者を手配してもらった（写真33）。当日は、トーディという難しいラーガの演奏をお願いした。彼女自身が好んで演奏したラーガだと聞いていたし、彼女の音楽界進出に一役買ったラージャラッティナムがこのラーガの演奏で知られていたので、比較してみたかった。もう長い間演奏していないからとすまなさそうな表情だった。確かに演奏からはなれていたので、細かいミスが全くなかった訳ではないが、音楽的なイマジネーションは素晴らしかった。彼女がこのような力を持ちながら、演奏の機会が与えられないことの悲運を思った。

ポンヌッターイの勇姿を見て演奏家を目指したという女性奏者がマドゥライ市内にいることがわかり、会いに行った。彼女は、結婚を機に演奏活動をやめたそうだが、ポンヌッターイを初めて見た時の衝撃について、目を輝かせて語ってくれた。演奏が素晴らしかっただけでなく、高価なシルクサリーを身にまとった女性が、男性の伴奏者たちを引き連れて演奏に向かう姿に心を奪われ、自分も絶対に同じようになりたいと願ったそうだ。ポンヌッターイが表舞台に登場してから、彼女だけでなく何人もの女性奏者が現れた。

その時録音した彼女の演奏の一部が、後にアメリカに渡ることになった。私の大学時代の友人で、マイクロソフト社で働いていたMさんは、世界中の音楽を対象とした音楽ソフトの開発に携わっていた。彼自身も民族音楽学を学んだ優れたジャズ・サクソフォニストだ。南インドの音源を探していた彼に、ポンヌッターイの音楽を勧めた。彼も気に入ってくれ、短い演奏だったが、ワールドミュージックの例として聞くことができるようになった。使用料がポンヌッターイに支払われ、ほんのちょっぴりだが恩返しができた。

才能が有りながら、酒に溺れた演奏家もいた。「すごい演奏ができるのだが、酒癖が悪くて」と、他のナーガスワラム奏者たちからの評判を聞いて是非会ってみたくなった。私が博士論文のテーマとして焦点をあてたラージャラッティナムも酒癖で悪名高かった。そのせいで演奏会場に遅れてきたり、全く姿を現さなかったりしたという逸話が山ほどあるので、この奏者に対する周囲の人たちの反応も含め興味がわいた。音楽家Gは、タンジャーヴールの海岸の町ナーガパティナムとティルヴァールールの中程にある町、キールヴェールールに住んでいた。手紙を出したが、返事がこないので、会えるかどうかわからなかったが、近くの町で別の楽師に話を聞きに行くことになっていたので、家を訪ねていった。在宅中だったが、用事があるのでちょっと後で来てほしい、と言われた。寺院にお参りをし、食事をして時間をつぶし、約束の時間に彼の家に戻った。しかし、心配していたように、彼は完全に酔っぱらっていて、ろれつが回らなかった。変にからんでくるので、退散する方がよいと思い、後で来ますと言って家を出た。夜は結婚式で演奏をするので聴きにきて下さいと言った家人の申し訳なさそうな顔をみて、気を取り直して会場を訪れた。しかし、前にも増して泥酔状態で、ナーガスワラムの音も定まらず、演奏はお世辞にも及第点とは言えなかった。伴奏のタヴィル奏者も当惑しているようだったが演奏を続けた。結局まともに話を聞くことなく、次の町へ向かった。前にも述べたように、ナーガスワラム奏者は大酒飲みだと言う評判がある。パラニサーミ先生やラッチャヤッパー先生のように、全く酒類を飲まない楽師も多いのだが、彼のような楽師がいるために、この偏見は変わりそうにない。

この他にも、楽師間の激しい競争心が、悲劇的な事件に発展することもあった。ライバルに演奏の機会が与えられないように裏工作した音楽家の話、息子の才能に嫉妬し毒を盛った父親の話など、枚挙に暇がない。

フィールドで病気になる

当時インドへの調査ビザを取得するためには、感染病の予防注射が義務づけられていた。当時もらった健康カードには、破傷風、コレラ等の注射をしたことが記録されている。マラリアには、予防注射がないので、予防のために、週に一度の錠剤を飲むことを勧められていた。ただ、この薬はマラリア感染を完全に防ぐわけではなく、その可能性を低下させる効果があり、もし感染しても症状を軽くする程度という説明を受けていた。副作用として視力に悪影響を与えることがあり、稀に失明することもあるので、一年以上つづけて服用しないほうがよいという説明も受けた。滞在も一年を過ぎ、インドでの生活にもすっかり慣れたので、服用を止めることにした。それから一ヶ月もしないうちにマラリアに罹ったのだが、因果関係は分からない。

滞在から一年が過ぎ、また一番暑い季節にさしかかろうとしていた。この時期には、マドラスのカパーリースワラル寺院の年次大祭が十日間にわたって行われ、神像や神格化した聖人像が山車や神輿に乗せられ寺院の外に出る。毎日、有名ナーガスワラム音楽家たちがゲストとして招かれ演奏を繰り広げた。著名な音楽家たちは大祭に花を添え、また祭りの成功に寄与するとも考えられていたので、名のある寺院は競ってかれらを招いた。参加する楽師の名前が境内に掲示され、音楽ファ

写真34　マドラスにあるカパーリースワラル寺院の大祭。10日間の期間中、毎日異なるペリヤ・メーラムの演奏家が招かれる。1987年。

ンは自分の聴きたい音楽家の演奏を心待ちにする（写真34）。

音楽家にとっても有名寺院の大祭で演奏することは名誉である。二十世紀の中頃までは、このような大祭における行列行進で、長く記憶に残る名演奏が繰り広げられた。一晩かけて、寺院の周囲を一周することが慣習となっている寺院が多く、演奏家にとっては、即興演奏をする創造性（カルパナ）が最も試される時でもある。事実、長時間にわたる演奏で、同じフレーズを繰り返すことなく、飽きさせないように演奏したということが評価の一つの基準になっていた。

私が調査をしていた一九八〇年代の半ばには、一晩中演奏を続けるという慣習はすでになくなっていたが、できるかぎり機材を担いで、楽師たちを追いかけた。人混みはスリが

写真35　カパーリースワラル寺院の大祭では、ペリヤ・メーラムの楽師たちが先導する山車が両側に住宅や商店が並ぶ通りをゆっくりと進む。マドラス市、1987年。

多いので、一人で撮影していると気を使う。バッグのなかのフィルムやテープなどをとられないかと心配しながら、スティルカメラとビデオカメラを交互に使いながら記録を続けるのは気疲れする作業だった。それでも、身動きが取れないほどの人混みのなか、高さ十メートルはあろうかという山車を引きまわす様は壮観であり、その場の興奮にのせられて取材を続けた（写真35）。

大祭の取材が終わり、何となく疲労がたまっていると感じていたが、二日ほど経つと悪寒がし、熱が急激にあがった。意識が朦朧としてきたので、ブリンダ先生に電話をして症状を伝えた。すぐに、先生のホームドクターが診察に来てくれた。マラリアだろうと見当をつけて採血し、その血液を中学校の理科の実験で使ったようなスライドグラスに一、二滴たらしたのだが、スライドグラスが妙に汚れていて不安になったことを覚えている。当時は、マドラスの医療機関に対する信頼は低く、私が発病する少し前にも、市内の有名病院で使われていた注射液のなかに虫が発見されたという新聞記事が話題になっていたことを思い出した。

それから、近くのクリニックに連れて行かれた。体調が悪い時に、サスペンションのほとんどないオートに乗って決して平板ではない道を行くのは大きな苦痛だった。クリニックに連れて行かれてどんな治療を受けたかも憶えていない。家に戻ってからは、横になって休むほかなかった。このあたりは記憶が定かではないのだが、マラリアだということがわかり、薬を処方された。高熱にうなされていたが、副作用なのか時々目を開けて天井を見ると、極彩色の模様がぐるぐる回っているようにみえた。実際に見えたのか、頭のなかで想像しただけなのか、確信を持って言えない。後でわかったのだが、三日ほど高熱が続き、それから徐々に熱は下がっていったそうだ。ブリンダ先生や彼女の家族が頻繁に見舞いにきてくれた。有り難かったのだが、先生たちがいると眠るわけにも行かず私は気になってゆっくり休めなかった。もちろん、熱が高いときはそんなことを考える余裕もなかったのだが。

ギリジャーもいつもより長い時間付き添ってくれたようだ。比較的軽かったのか、二週間ほど経つと、再び少しずつ外出できるようになるまで回復した。マラリアを経験して興味深かったのは、人々の反応だ。日本ではマラリアは深刻な感染病だと考えられているが、インドではよくある病気なので、皆はそれほど驚かない。もちろん死にいたることさえある重篤な病気であることは知っているのだが、日本での反応とは違い、ひどい風邪をひいた時のような反応が普通だった。

マラリアも大変だったが、赤痢にも閉口した。食欲はないのだが、栄養を補給しなければと思って無理に食べようとすると、すぐにトイレに駆け込まなければならない状態が一週間近くも続き、どんどん体重が減った。個人差はあるのかもしれないが、私の場合、まずあばら骨が浮き出てきて、それから腕や太ももの肉が落ちた。最後にお尻の肉が落ちてくる。骸骨の模型のように、自分の身体が骨からできていることを実感するようになると、さすがに心配になった。体重計がなかったので実際にどれくらい減ったのかわからなかったが、生きてインドを出られるだろうかと真剣に考えたことが何度かあった。幸い持ち直して、少しずつ回復していった。

ホーリックスという穀物から作られる健康ドリンクがあり、体調を崩すとこれを飲むようにと、ブリンダ先生たちから勧められていた。もともとイギリスから第一次世界大戦後に持ち込まれたもので、今でもひろく愛飲されているらしいが、私は病気の経験を思い出してしまうので、あれ以来飲みたいと思ったことがない。

不思議なもので、最も効率よく調査ができたのは、病気をしてから帰国するまでの半年ほどの間であった。楽師たちが開襟して自らの考えを共有してくれたのもこの時期だった。体力には不安が残っていたが、その後大きく体調を崩すことなく、また最も集中して調査を進めることができた。タミル語での意思疎通も、それまでに比べるとかなりスムーズになっていた。私はインドで調査を始める前に、先輩研究者たちから、実のある調査ができるのは季節が一巡りする頃からだと聞かされていたが、正に私の場合もそうだったといえる。現地で有意義な調査を行なえる状況が整うまでには、一定の時間の流れが必要なようである。

この時期には、私のインタビューがきっかけとなって、その場に居合わせた人たちを巻き込んだ、より自由な話し合いの場ができ上がることが何回かあった。私自身、録音していたことを忘れてしまうほど、その場の話しに没頭することもあった。そのなかには公にはできない事柄がたくさん含まれていたが、楽師たちの本心を理解するうえで、貴重な情報が多かった。また、このような熱のこもった話合いから、ペリヤ・メーラムの楽師たちの伝統の保持者としての自負と、かれらの間に鬱積している被差別感がひしひしと感じられたものである。

帰国

支給された調査費は一年間だったが、月々少しずつ節約して、半年ほど滞在を延ばすことができた。しかし、その蓄えも底をつき始めたので、一九八七年九月に一旦帰国することを決めた。楽師への聞き取りは効率的に行なえていたし、調査が前に進んでいるという実感があり充実した日々を送っていたが、同時に体力の限界も感じていた。

帰国する際に、音楽の調査とは直接関係ないが、研究者の生活について考えさせられたことがあった。滞在していた家は一ヶ月単位で借りていたので、明け渡しから帰国の日までに数日の余白があった。私はアメリカの機関から調査資金をいただいていた関係で、マドラス滞在中、アメリカ領事館のイベントに何回か招かれており、数人のアメリカ人外交官と知り合いになっていた。帰国の日を決めた後、たまたま出張で家を空ける外交官が、かれらの宿舎を使ってもいいと申し出てくれ、かれらが「宿舎」とよぶ豪邸に、数日間住まわせてもらうことになった。それまでの私の生活からは想像もつかない豪勢で快適な生活だった。大きな家には快適な空調が施されており、三人の使用人が何でもしてくれる。シャワーからはいつでもたっぷりとお湯が出る。運転手つきの車が、いつでも行きたいところに連れて行ってくれた。このように外界から遮断された生活をしているアメリカの外交官は、一体どれほど現地の人々の生活の実態を知っているのだろうか。

インドに着いてしばらくしてから、総領事館のイベントに初めて参加したとき、外交官のひとりが私の普段の交通手段について訊いてきた。

「町ではどのように移動しているんですか」

「普通はバスを使って、すこし贅沢するときにはオートにも乗ります」

「オートって、あの黄色いちっちゃなやつ？」

彼女が「あのちっちゃなやつ」と言ったとき、「まさかアレに乗って移動してるんじゃないでしょうね」という声色だった。いつも運転手つきの公用車に乗っている身には、オートでの移動さえ論外なのだろう。人々の生活に入り込んで、かれらの視点で生活を体験することは、人類学的な調査にとって最低限の条件である。アメリカの外交官の、マドラスに住む現地の人々への視線について考えさせられた。このような反応は、アメリカの外交官としては一般的なのかもしれないが、しばらく集中して楽師たちの村で調査をしていた私には、ぞっとするほど異質な現実を突きつけられたような気がした。

帰る間際には、煩雑な事務手続きなどもあったので、師匠たちへの挨拶は簡単にすませるしかなかった。博士論文を完成させる前には、少なくとももう一度追加の調査をしなければならないと考えていたので、またすぐに来ますと言って別れた。

カセット普及の衝撃

二十世紀におけるペリヤ・メーラム音楽の変容に寄与したマスメディアには、ラジオ放送、レコード、カセットなどがあるが、この中で伝承や消費形態にもっとも影響を与えたのがカセットテープの普及だった。それ以降、次々と新しい音楽再生メディアが市場に登場したため、カセットは過去の産物となり、今では見たことさえない人が増えているが、当時の音楽文化に与えた衝撃は大きかった。

ペリヤ・メーラム音楽のレコード録音は一九二〇年代までに始まったと考えられるが、当時のレコードやプレーヤーは高価で、一部の裕福な愛好家たちの専有物であり、演奏家たちには縁遠い存在だった。比較的安価なカセットテープとレコーダーが出回るようになった一九八〇年代になって初めて、ペリヤ・メーラムの演奏家たちも複製録音メディアを利用できるようになった。

カセットの普及は、ペリヤ・メーラム音楽の世代を越えた伝承を可能にした。若い楽師たちは、自分たちが生まれる前に活躍した名人たちの演奏を、カセットによる復刻録音で繰り返し聴くことが出来るようになった。かれらは、過去の名演奏を直接聴いて学ぶことが出来るようになり、ラージャラッティナムのような特定の大演奏家を「マナシカ・グル」（直接習ったことはないが、自己の音楽上の師匠）と考えるものも少なくない。原盤が録音時間の短いSP盤であり、録音の数も多くないという制約があるにせよ、カセットは、聴いて覚えることを重視するペリヤ・メーラム音楽に新しい学習の形を提供していると言える。

また、カセットテープの流通は、人生儀礼におけるペリヤ・メーラム音楽の消費形態にも大きく影響した。私が調査を始めた八〇年代半ばには、楽師を雇う代わりにペリヤ・メーラム音楽の録音をかける傾向がすでに強まっており、生演奏の方が珍しい人生儀礼も多かった。楽師を雇うよりも安価であることが大きな理由だが、音楽だけでなく楽器や楽師の出立も「吉」を増幅するという考え方が以前より希薄になってきていたのだろう。数少ない例外の一つは婚姻儀礼であり、当時楽師による生演奏の必要性を疑う者はいなかったし、現在でもその状況にほとんど変わりない。結婚式は人の一生の中で最も盛大に行われる儀礼であることが、生演奏が継続している大きな理だとされるが、より現実的な理由もあるようだ。他の人生儀礼と異なり、婚姻儀礼を構成する諸儀礼では、演奏される演目（ラーガ、楽曲）が慣習化されているため、カセットでは儀礼の進行に合うようにタイミングよく音楽を演奏することが難しかった。とくに、婚姻の成立を決定づける瞬間など儀礼上の移行を示す時点に、一段と大きな音で演奏されるゲッティ・メーラムのタイミングがずれれば、不吉な音が聞こえてしまい、不運が訪れるかもしれない。しかし、一九九〇年代以降、婚姻儀礼で演奏されるラーガや楽曲を儀礼進行の順に収録してある録音が発売され、またCDの普及により、曲を一瞬にして変えることが可能になった。生演奏が消え去る日が近いのか、それとも楽師の役割に変化が生じるのか、気長に見届けたい。

第六章　長期フィールドワークのあと

一九八七年九月にマドラスを発ったが、アメリカに直接もどるのではなく、日本にしばらく滞在することにした。身体を元に戻したかったし、フィールドワークで収集した資料や情報を整理する必要もあった。そして何よりも、それまでのフィールドワークの経験やインドでの生活が、調査者としてではなく、私個人としてどのような意味を持っていたのかを考える時間が欲しかった。ヴィーナの練習は続けていたが、この時期、全く異なる音に触れたくて能管や謡を習いにいったりもした。

集めた情報をまとめて、すぐに博士論文にすることへの躊躇いもあったが、インドでお世話になった方々からの激励で気持ちの折り合いがついたので、一九八八年秋にワシントン大学に復学した。ニューマン先生に相談しながら、論文の構成を考えはじめた。その過程で、ラージャラッティナムの音楽やひととなりに関する語りの分析を突破口として、南インド音楽文化内のカースト関係の一端を分析するという方針を立てた。ラージャラッティナムの属性を一つの場として語られる多様な歴史観が、現在の音楽実践とどのような関係をもつのかについて分析した。特に、社会記憶やノスタルジーなどに関する論考を手がかりにしながら、フィールドワークで収集した語りを整理した。その過程で、語りそのものがどのように流布し、共有されて、社会的な記憶になっていくのかについて留意するようになった。個人の記憶が社会的な記憶になる一つの結節点としてラージャラッティナムという希有な音楽家をとらえ、彼を語る行為の中に語り手の歴史の捉え方、音楽文化の現状認識、そして政治的な立場を探ることにした。ノスタルジックな視点は、過去を美化する作用があるが、美化された過去は現在の状況を説明するために使われることもあれば、批判するために語られることもある。語りの集積を実証的に分析するのではなく、過去を語ることが、現在を参照しながら過去を作り上げるプロセスの一部であることを示したかった。一九九二年に、やっとのことで論文を完成させ、無事に学位をいただくことができた。

博士論文は一つの終着点であるが、それ以降の研究の出発点でもある。一九九二年以降、博士論文から派生した一連のプロジェクトに従事している。マドラス中心の古典音楽界が排除してきたタミル語をベースにした音楽文化の系譜や、古典音楽の現代的展開のひとつであるフュージョン音楽を調べるプロジェクトを進めてきた。また、二〇一〇年ごろからは、インド国外の南インド音楽の受容に関する調査をしている。インド音楽舞踊のグローバル化が急速に進行し、インド音楽の調査をインド国内だけで行うのは十分ではない状況が生まれたからだ。これらのプロジェクトでも、長期フィールドワークで得た知見や人脈をフルに活用しているが、一九九六年に国立民族学博物館（以下、民博）に着任してからは、比較的短期間しかインドに滞在できなくなったので、調査のスタイルを変えながら継続している。

調査助手を雇う

一九九八年、私は初めて調査助手を雇うことにした。以前のように長期で調査に入ることができなくなったので、滞在期間をフル活用できるように、調査のコーディネートをしてもらったり、私がインド不在中に資料を集めてもらったり、またタミル語文献の翻訳の手伝いをしてもらうためのアシスタントが必要であると判断したからである。音楽の専門知識がないとつとまらないので、マドラス大学インド音楽研究部のＮ・ラーマナーダン教授に相談して、彼の院生を推薦してもらうことにした。紹介してもらったのは、当時博士課程の学生だったラーマン・ウンニだ。それ以降、私がインドで調査をする時は、ほとんど行動を共にしてくれている。

ウンニは、一九七一年にタミルナードゥ州でマドラスに次ぐ大都市コインバトール（現コーヤンブットゥール）で生まれた。両親はケーララ州出身で、家庭ではマラヤーラム語、外ではタミル語を話す環境で育った。小さい頃から音楽に強い関心があり、地元の教師について声楽の基礎を学んだ。偶然だが、ウンニが最初に声楽を習ったのはナーガスワラム奏者だった。その後、一九九五年にマドラスに移住、マドラス大学に入って音楽学を学んだ。その間、独学でキーボードと作曲を学び、ドキュメンタリー映画の音楽を担当したり、ＴＶコマーシャルの曲を手がけるようになった。その後、博士課程に進学して映画音楽に興味をいだき、それをテーマに博士論文を書いた。映画音楽のなかでも、映画に挿入される歌詞のついた曲ではなく、背景に流れる音楽（ＢＧＭ）の役割について分析したものである。このテーマは音楽研究では未開拓で画期的ではあったが、古典音楽重視の音楽学部では色物扱いされ、博士論文を書くにあたって指導教員と一悶着あった。

ウンニは、ナーヤルとよばれるカーストに属している。ブラーマンではないが、ケーララ州ではブラーマンに次ぐ高位カーストである。タミル人のブラーマンが支配的なマドラス音楽界では、ケーララ出身の彼は、二重のマイノリティであり、全般的に冷遇されていたようだ。このような自身の体験もあり、ウンニは、単なるアルバイトとしてではなく、私の調査に強い関心をもって協力してくれた。最初のうちは、私が指示することだけをこなしていたが、次第に自分で気がついた点を自発的に指摘してくれるようになり、共同研究者にちかい役割を果たすようになった。

ウンニは、音楽的な才能に恵まれているだけでなく、ユーモアもあり、何よりも信頼できる青年である。世間擦れしていないところが魅力であるが、純粋すぎる面もあるため、人に騙されることもあった。曲を提供したのに謝礼の約束を反故にされたり、音楽の機材を買うのに前金を払ったまま逃げられたりした。運も味方をしなかった。カナダの大学に研究員として受入が決まった直後にニューヨークで同時多発テロが起こり、ビザの取得が難しくなったため、断念せざるを得なかった。

ある時、何もかもうまくいかず、投げやりになっていたのだろう。私が泊まっていたホテルにやってきて、感極まって泣きながら訴えたことがあった。

「こんなに頑張っているのに、誰も相手にさえしてくれない……」

それまで一緒に聞き取り調査に行ったが、後で一人で会うとかれらの態度が豹変することが多いという。

「海外からの研究者には親切にするのに……」

その後は言葉にならなかった。

「努力を続ければ、いつか報われる日が来るから、今諦めてはもったいない」と激励した。そうなる保証がないことは分かっていたが、そう言って慰めるしかなかった。

音楽界には熾烈な競争が渦巻いているから、ブラーマンであってもプロの演奏家として成功するのはごく一部である。仲間内の「引き」がない非ブラーマンの音楽家たちが音楽界で成功を収めるのは極めて難しい。ブリンダ先生の孫（長男の息子）であるギリーシュのように、秀でた才能を持ち、エリート音楽一家出身のものでさえ、同世代のブラーマン声楽家とくらべれば、出遅れていると言っていい。

ウンニは、マドラス大学で助手をしていたときの教え子だったアヌーラーダ（アヌー）と結婚し、二人の娘の愛情豊かな父親になった。アヌーは、一時ラジオ局の人気ＤＪとして活躍し、それと並行してウンニと力を合わせて子供を対象とした音楽学校を設立したが、コロンボにあるタミル語のラジオ局から仕事のオファーがあったのを機に、家族でスリランカに移住した。ウンニの場合も、ブリンダ先生の一族やラッチャヤッパー先生の子供たちと同様に、カーストを基盤とした「引き」がなければ出発点にも立てないマドラスの音楽界では活躍の場が期待できないと判断し、海外に活路を見いだそうとしている。

ラージャラッティナム再訪

ウンニが調査助手になってくれた一九九八年は、ラージャラッティナムの生誕百周年であり、複数の音楽協会が記念集会を開いた。マドラス音楽院では、スンダラム先生が記念講演を行い、このイベントに合わせて制作されたドキュメンタリー映画が上映された。過去の著名なナーガスワラム奏者の子孫たちも数多く参列しており、私もそのうちの何人かと旧交を温めることができた。

写真36　ラージャラッティナムに5人の妻がいたことは広く知られている。最後の妻パーパンマルとの新婚時代に撮影した写真。晩年の威厳ある風貌とは対照的に、剽軽な一面がうかがえる。

写真37　ラージャラッティナム生誕100周年記念式典がマドラス音楽院で開かれた。来賓として出席したパーパンマルさん（左）と歓談するスンダラム先生（右）。1998年。

写真38　ラージャラッティナムが住んでいた家。早朝２階の部屋で練習するのを聞くために、通りに人が集まったと言われている。また、存命中は、著名音楽家たちが多数訪れたが、現在は空き家になっている。タンジャーヴール県ティルヴァーヴァドゥドゥライ村、1999年。

また、ラージャラッティナムの一番最後の妻パーパンマルが存命であり、カーンチプラムに住んでいることが分かったので、ウンニと一緒に会いにいくことにした。パーパンマルは様々な思い出を楽しそうに語り、新婚時代の写真をみせてくれた。そのなかに、若き日の二人がふざけてターバンを頭に巻き、軽く抱き合いながら、笑顔でカメラに向かっている写真があった。そこには、大演奏家として畏敬の対象であった晩年の姿とは異なる、お茶目な青年が映っており、それまで知らなかったラージャラッティナムの一面を見たような気がして微笑ましかった（写真36、37）。

また、ティルヴァーヴァドゥドゥライにあるラージャラッティナムの住んでいた家を、初めて訪れることができた（写真38）。彼の娘であると言う女性が、家を買い取り管理していた。誰も住んでおらず、生憎、彼女とも連絡がとれなかったので、家のなかに入ることはできなかったが、立派なたたずまいだったことは容易に想像がついた。ちなみに、この女性はラージャラッティナムの四番目の妻の娘と自称しているが、ほとんどの演奏家たちは実子だとみなしていなかった。他の四人の妻との間にも子供は一人もいなかったからだ。

家の裏に鉄道が通っており、マドラスでの演奏を終えた帰りに、家の近くで緊急用のレバーを引いて電車を止め、その場で罰金を払って、家の裏庭を通って帰宅したというよく知られた逸話を思い出した。また、ラージャラッティナムは、二階にある自分の部屋で早朝練習をしたといわれており、それを聴くために村人たちが毎日のように下の通りに集まったという話も有名である。私も、その場所に立って、彼の音楽が流れてくることを想像した。博士論文のプロジェクト以来、長年彼の人生と付き合ってきた私には、その場に立つだけで感慨深いものがあった。

タミル音楽運動

八〇年代に調査を進めるなかで、気にはなっていたが本腰を入れて取り組むことができなかったテーマにタミル音楽運動があった。この運動については、イサイ・ヴェーラーラルの音楽家たちと話しをしていると、よく話題に上ったが、ペリヤ・メーラム音楽の調査で手一杯だったため、すぐには着手できなかった。ラージャラッティナムを含む数多くの著名イサイ・ヴェーラーラル音楽家が運動の支持者だったと言われていたことも、このテーマに興味をもった大きな理由だった。
タミル音楽運動は、文字通りタミル音楽の研究と演奏を推進するための運動だが、タミル音楽は、運動推進者の目的や政治的な立場によって、タミル語の歌詞をもつ音楽、タミル地域で発達した音楽理論に基づく音楽など異なる意味をもち、それに従って運動の方向性や内容は様々だが、古典音楽におけるサンスクリット語、テルグ語偏重への不満を背景としている点で共通している。一九四三年には、この運動を推進するための拠点の一つとしてタミル音楽協会（タミル・イリィ・サンガム）が設立された。

タミル語が公用語であるタミルナードゥ州においてタミル語楽曲が軽視されているのは、サンスクリット語やテルグ語を重視するブラーマンたちによる支配の一形態であるという考え方が、イサイ・ヴェーラーラル達の間では広く共有されている。タミル語楽曲の発掘や、旋律が失われたタミル語の歌詞に新たに曲をつける作業を進めると同時に、古代のタミル音楽理論の内容に関する学術会議を開き、かれらの主張の学問的な正当性を確保しようとした。また、音楽会議を開き、公演やラジオ番組で演奏される楽曲の一定数をタミル語曲にすることを要求する決議を採択した。これらの決議は、音楽界に大きな波紋を投げかけ、その中心的存在であったマドラス音楽院は、それらを批判する声明や決議案を発表して対抗した。

また、タミル音楽協会の活動の評価は様々であり、十分な成果が上がっていないと考える人たちの間から、より急進的な方法でタミル語楽曲の振興を目指す団体が現れた。タミル語の楽曲だけを演奏する音楽祭が開かれたり、ティヤーガラージャのテルグ語の歌詞がタミル語に翻訳されて歌われたりした。最も過激な手段を用いた団体は、先に述べたティヤーガラージャの慰霊音楽祭が行なわれるティルヴァイヤールの道路に面した壁面に、「古典音楽は盗まれた音楽である」というメッセージをかかげ、観客のなかに運動員を送り込んで、演奏中に「タミル語で歌え」というシュプレヒコールを行い警察沙汰となった。この事件は、新聞紙上でも報道され、音楽界で大きな話題となったが、その原因を検証するための正面切った議論は行なわれなかった。

また、全く異なる考えのもとにタミル語の楽曲を奨励しようとする動きも存在した。M・アルナーチャラムは、一代で印刷会社を立ち上げ富を築いた人物であるが、E・V・ラーマスワーミ・ナーイカッル（一八七九―一九七三）の社会改革に共鳴し、様々な分野でその実践を試みていた。ラーマスワーミは、南インドで最もよく知られた社会活動家の一人であり、支持者からはペリヤールの愛称で親しまれている。二十世紀初めから展開されたドラヴィダ運動の中で最も影響力をもったリーダーの一人で、カーストやジェンダーに基づく差別は、インド北部のアーリヤ系民族が、ドラヴィダ民族を支配するために南部に持ち込んだという信念のもと、その撤廃に向けた活動に従事した。

アルナーチャラムは、ブラーマンが古典音楽・舞踊文化を独占している状況に強い不満を感じ、一九九〇年代に私財を投じてペリヤールの名前を冠した音楽祭を主宰した。無神論的なペリヤールに触発され、宗教色のない古典音楽文化を育成しようとするものだった。これまでに述べたように、南インド古典音楽の楽曲のほとんどすべてが、特定のヒンドゥーの神に関する歌であるため、アルナーチャラムが課した条件を満たす楽曲は極めて少ない。このため、タミル文化を称揚する内容で知られるバーラティ・ダーサン（一八九一―一九六四）らの詩に音楽をつけてもらうよう依頼し、新しい演目づくりが試みられていたが、一朝一夕に実現するわけはなく、音楽祭では同一の曲が何度も繰り返された。

ペリヤールが一九三〇年代に非ブラーマンの演奏家だけによる音楽祭を開いたように、アルナーチャラムも非ブラーマンの演奏家たちを優先して招いた。ブラーマン主導の音楽協会からは冷遇される傾向のある非ブラーマンの音楽家たちは、新しい公演の機会を歓迎しながらも、手放しで喜ぶことはできなかった。この音楽祭では、それまでに彼らが学んだ古典曲を演奏できないため、新曲の習得に時間を取られる。また、古典曲は長い年月をかけて取捨選択された名曲の集積だが、新曲は玉石混淆であり、音楽的には優れたものばかりではない。また、この音楽祭は、一般の音楽愛好家からは政治的な（そして反ブラーマン的な）色合いが強いと考えられていたので、かれらの誤解を招く危険もある。つまり、音楽祭の政治的なスタンスに賛同していると解釈される可能性がある。マドラスを拠点として活動する限り、反ブラーマンのレッテルを貼られることは、演奏家としての道が閉ざされることに等しいため、音楽家たちは自己のイメージに極めて敏感である。

ラッチャッパー先生の娘シータは、声楽家としてこの音楽祭に招かれたことがある。当時、音楽大学で教鞭をとっていたが、コンサートの機会には恵まれず、アルナーチャラムからの招聘を喜ん

写真39　タミル語楽曲を奨励するペリヤール音楽祭に出演したシータ。ペリヤールが結党した政党のイメージ・カラーである黒のサリーをまとって公演を行った。マドラス市、1998年。

だが、内心は複雑だった。シータは、政党政治に直接加担する人間ではないが、演奏の機会を与えてくれたアルナーチャラムに敬意を表すために、黒のサリーを着てステージに立った（写真39）。黒は、ペリヤールが結党したドラヴィダ系政党が好んで用いる色で、多分に政治的な意味合いがある。通常の音楽協会が主宰する演奏会ではほとんど絶対といっていいほどみられない。

シータは、この音楽祭で同じ歌が繰り返し歌われることを嫌い、音楽祭のテーマソングのように歌われていた歌の歌詞を異なるラーガに置き換えて歌ったことがある。モーハナム（サ―リ―ガ―パ―ダ―サ）と呼ばれる五音階のラーガで作曲された曲を、他の五音階ラーガであるハムサドヴァニ（サ―リ―ガ―パ―ニ―サ）に置き換えて歌った。音楽面でヴァリエーションをつけることで単調な繰り返しを避けようとしたのだ。この音楽祭の主な関心はタミル語の歌詞にあるので、ラーガを置き換えても問題はない。

シータは、

「ラーガを変えたことすら、ここの観客はほとんどが気づかないでしょうね」

といって笑った。

主催者や観客の古典音楽の素養は高いとは言えないため、おそらく彼女の推測は正しい。このコメントには、そのような観客を前に歌わなければならないことへの自嘲が含まれていると感じた。彼女だけではなく、演奏家の視点からすれば、歌詞の言語に関わらず質の高い音楽、自らも満足のいく音楽を演奏したいと考える。古典音楽の中の数多くの名曲が、サンスクリット語やテルグ語の楽曲であり、かれらはそれらの楽曲を学びながら音楽家として成長していく。シータは、小さいときから父親のラッチャッパー先生に歌を習った。その中にはタミル語の曲も数多く入っていたはずだが、プロの演奏家になるための訓練では、他の言語の曲が多い。彼女自身はタミル語の楽曲を好んで歌うが、それだけになってしまえば演奏は音楽的に不完全燃焼する。そうかといって、ブラーマンが運営する音楽協会からは、なかなか声がかからない。シータは、後にマドラスの音楽界に見切りをつけ、兄の勧めに従い家族と共にイギリスへ移住した。いまでは、現地の南アジア系移民社会の中で声楽家として活躍の道をみつけている。

現地社会との交わり

音楽文化におけるカースト関係は、プライベートな会話での話題になっても、音楽研究の対象になることは稀である。現地の音楽研究者や演奏家の間では、音楽とカーストを結びつけて論じることは、見えないタブーの一つだったという方がより正確かもしれない。それはフィールドワークで、立場の異なる人々と接触を重ねるうちに少しずつ理解していったことだった。

現地の人間が読める言語でカースト関係について書くことにはリスクが伴う。当然だが、当事者や関係者から批判されることを覚悟しなければならない。また、その後の調査に対して協力を得られない可能性もある。タミルナードゥ州では、カーストは極めて政治的に語られるため、執筆の意図にかかわらず、政治的な立場の表明と解釈されることもある。私は、音楽文化内のカースト関係という極めて限られたトピックについて、少しばかりの論文を書いただけであるが、現地の反応から研究の中立性について考えさせられた。

二〇一〇年頃、私はあるブラーマンの音楽愛好家に面会を求められた。私は二〇〇八年にブラーマン主導の音楽文化に対抗する運動に関する英文の論文を発表しており、その内容について話がしたいということであった。

「君は、間違った考えを持つ人たちに指導を受けてきたんだろう。そのために、こんなトピックを選んだのだ」

「私は、運動の主張や進め方に必ずしも賛同している訳ではありませんが」

「では、何故そのような運動について書くのだ」

「そのような動きがあることを把握しておくことは、南インド社会の理解に必要であると考えているからです」

「しかしかれらの主張は的外れだ。それに、かれらは古典音楽のことを何もわかっていない。そんな奴らに古典音楽の批判をする資格はない」

「しかし、多くの人が賛同している場合、その存在すら認めないのは、研究者としての中立性を欠くことになるのではないですか」

支配文化側の主張はすでに繰り返し紹介されているため、それに対抗する運動の主張の紹介により多くの紙幅を費やしたことは事実であるが、私は双方の論点を紹介したつもりだった。

「君が紹介している団体は、政治的な理由でカーストを利用する胡散臭い運動体だ。研究論文で扱うには値しない」

この男性の口調は、だんだんとエスカレートしてきたので、私は、できるだけ冷静に自分の主張を伝えるよう努めた。議論は平行線で、この男性は自分たちの文化について、よそ者がとやかく言うのは辞めてくれと言いたげだった。

この論文は、ある音楽雑誌の編集委員にも酷評されたことがある。また、外部者にカーストの問題に触れてほしくないと、不快感を露にしたコメントをいただいたこともある。かれらにとって私は、さしずめ「ブラーマン嫌い」に悪影響を受け、かれらを代弁する身の程知らずの外国人であるのかもしれない。

しかし、反対する人がいれば、賛同してくれる人もいる。あるイサイ・ヴェーラーラルの音楽家には、「カースト差別は皆知っていることだが、言えないだけだ」と言われた。「私が同じことを言ったらここにいられなくなる」と言ったブラーマンの研究者もいたし、他の音楽愛好家からは、私の論文を批判した編集委員は「音楽界の問題児で、ブラーマンの考えを代表している訳ではない」というご意見もいただいた。

このような形で、音楽文化内でのローカル・ポリティクスの一端に関与することが学問的に正当な行為であるのかどうかわからない。しかし、論文を英文で出すことによって、上に述べたような様々な反応をいただいたことは、それぞれの立ち位置を理解するのに少なからず有益であったし、カースト問題の根深さを再認識する契機にもなった。

また、タミル音楽運動について調査をしている時には、こんなこともあった。調査に協力をお願いしていた人から、ある集会で話をするよう求められた。依頼に従って、私はたどたどしいタミル語で、タミル音楽への関心はどのように始まったのかについて話した。主催者は国外でもタミル文化への関心が存在することを、私の参加で示したかったのだと思う。その他のスピーカーは、ペリヤール研究者で社会活動家のアーナイ・ムットゥ、声楽家で当時マドラスの州立音楽大学の学長を務めていたティルッパーンバラム・シャンムカスンダラム・ピッライだった。

アーナイ・ムットゥさんには入手が難しいペリヤールのエッセイのコピーをいただいたし、シャ

写真40　タミル音楽研究に関する集会。研究協力者からの依頼にどのように対応すべきかを考えさせられたイベントだった。シャンムカスンダラム(左)の巧みな話術を楽しむパネリストたち。右はアーナイ・ムットゥ。マドラス市、2000年。

ンムカスンダラムさんには音楽大学におけるタミル語楽曲を中心に据えたカリキュラム編成について貴重な情報を提供していただいていた。調査に協力してもらったお礼のつもりで参加することにしたが、両者ともそれぞれの分野で有名であり、同じ集会にスピーカーとして招かれるのは光栄なことだったのだと思う。参加者の中には、マドラス大学でインド音楽研究部の部長をしていたラーマナーダン教授らの姿もあった。

この集会についての小さな紹介記事が新聞に掲載されると、それを見た友人の一人から電話があり、何故このような集まりに出席したのかと強く抗議された。主催者たちは、ペリヤールの哲学を理解しておらず、政治的に利用しているだけであるから、そのようなグループに利用されるべきではないというのが彼の主張だった。私は、私の立場からタミル音楽への関わりの経緯を話しただけで、主催者や他の後援者の意見を手放しに支持したわけではないが、自分の活動がどのような脈絡で流用されうるかを常に意識すべきであると認識させられた出来事だった（写真40）。

ブラーマンであることの困惑

オーソドックスなブラーマンの音楽愛好家は、南インド古典音楽は神聖で普遍的な価値をもつと考えており、そのような領域にカースト問題を持ち込むことは、世俗的で政治的であるととらえる傾向がある。しかしその一方で、ブラーマンによるカースト差別を積極的に批判する急進的なブラーマンの人たちも存在する。私の友人で、ブリンダ先生にも音楽を習ったことがある舞踊家のスリヴィディヤ・ナタラージャンは、自分のなかに刷り込まれたブラーマン性を意識的に排除していこうとしていた。彼女は、慣習として培われた意識しない行動のなかにカースト差別の温床があると考え、そのような慣習を取り除くことで、ブラーマンの身体から抜け出していくことが必要だと主張する。またその時の解放感はかけがえのない充足感があるとも言う。彼女にとって、デーヴァダーシの踊りを学ぶことは、ブラーマンの身体を抜け出るための営為の一部であるのだろう。

実は、私は博士論文の調査をしているときに、まだ十代だった彼女の踊りを見たことがあった。彼女はブリンダ先生に音楽を習っていたので、先生からの勧めだったように記憶している。当時見ることができた媚を売るような踊りに馴染めなかった私は、彼女の堅実で端正な踊りに好感をもった。だからブリンダ先生も彼女を弟子にしたのだろう、と妙に納得したことを覚えている。しかし、舞踊にそれほど興味がなかった私は、その後忘れていた。彼女の名前を再び聞いたのは、それから十五年ほども経ってからだ。私がナーガスワラムの公演に行ったとき、演奏が終わると、ある青年が声をかけてきた。

「音楽を習っているんですか。ターラを打っていましたね」

南インドの古典音楽では、演奏家も観客も、手と指を使ってリズム周期を刻むことがある。複雑なリズムを少しでも理解できるように、公演に行くと私はターラを打つようにしていた。

声をかけてきた男性は、S・アーナンドという名の若きジャーナリストで、音楽にも強い関心があるという。話をしてみると、音楽界にはびこる権威主義とカースト差別に対して憤りを感じている青年であることが分かった。彼はハイデラバード大学の出身で、同窓生が古典舞踊界への批判的な博士論文を書いているので紹介したいという。その著者がスリヴィディヤだった。ブリンダ先生に音楽を習ったと聞いてぴーんときた。アーナンドは後にデリーに移住し、社会改革を目指す進歩的な出版社を立ち上げ、カーストやジェンダー差別、社会的弱者に対する暴力などの社会問題を主要テーマにする書物の刊行に力を入れている。アーナンドは、私の書いた論文にもいくらかの価値を認めてくれ、出版を誘ってくれているのだが、まだ実現していない。

当時マドラスには、デーヴァダーシの踊りを、バラタナーティヤムに取り戻す運動をしていた舞踊家グループ「タパーシャ」があり、スリヴィディヤはそのメンバーとして活動していた。一旦歴

写真41　マドラス音楽院での公演を終えたスリヴィディヤ・ナタラージャン（右）。左は踊りのパートナーであるハリ・クリシュナン。彼らの舞踊は、マドラスの保守的な舞踊界に波紋を投げかけている。2012年。

史の表舞台から姿を消したデーヴァダーシの踊りを継承し、現代に蘇らせることを活動の目的としていた。舞踊から遠ざかっている元デーヴァダーシたちが住む村を訪れ、かれらに教えを請い、またその一部を取り入れた新しい舞踊表現を模索していた。

彼女の提案で、グループのリハーサルの後に話をすることになり、市内の練習場に足を運んだ。少し見学してから、近くのレストランで食事をしながら話を聞いた。席に着くと、彼女は魚のスープを頼んだ。

「魚のスープ？」

「リハのあとはお腹が空くので……」

何もなかったかのように振る舞う彼女に、このときは、「ヴェジ（菜食）じゃなかったんですか」とはあえて聞かなかった。当時マドラスで音楽を習っていた日本人は珍しかったので、ブリンダ先生の家に通っていた私のことも覚えていてくれた。私は、彼女がデーヴァダーシ舞踊に関わるようになった経緯や、学位論文のテーマなどについて話を聞いた。

その後、彼女はカナダに移住して、大学に勤務するかたわら、トロントを拠点にして活動する舞踊団インダンスの芸術監督の一人として公演活動を続けている。二〇一二年にオンタリオ州を訪ねた私は、彼女の活動の軌跡について長時間にわたって話を聞く機会を得ることができ、マドラスの保守的な舞踊界に息苦しさを感じて国外に活動の拠点を求めた経緯がよく理解できた（写真41）。

スリヴィディヤやアーナンドのようにカースト差別を真っ向から批判するブラーマンは例外的かもしれないが、歴史的に見れば、カーストやジェンダー差別の撤廃を目指したリベラルなブラーマンの社会活動家が多数存在したことも事実である。私のブラーマンの友人の多くは、活動家ではないにせよ、高学歴で人権や環境問題などについてリベラルな考えを持つものが多い。かれらは、ブラーマンが歴史的に背負わされてきた負荷にも意識的で、人によって程度の差はあるが、自分がその一員であるということに居心地の悪さを感じているようだ。

ブラーマンの心性

私が親しく接したブラーマンの友人たちは、非ブラーマンの音楽文化に深い敬意を払い、関心を寄せているものがほとんどだった。しかし、大多数を占める保守的な古典音楽愛好家たちはどうだろうか。今後、音楽界のカースト関係についての分析を精緻化するためには、かれらの心性の研究が必要になるだろう。ブラーマンの古典音楽・舞踊に対する強い関心は、かれらのどのような心性に由来するのか。またそのような心性は、どのように形成されたのだろうか。

私は、三人の師匠について音楽を学んだが、三人ともブラーマンではない。ブラーマンはペリヤ・メーラム音楽を演奏しないため、この音楽の師匠がブラーマンでないのは当然なのだが、古典音楽の師匠だったブリンダ先生も偶然ブラーマンではなかった。私は、弟子として親密な関係を築きながら音楽を学んだので、かれらの音楽観や感性に大きな影響を受けたことは間違いない。かれらの語りを鵜呑みにしないように細心の注意を払っていたが、かれらに向けられたブラーマンの差別的な言動には、私自身憤りを感じ、無力感を味わったことは事実である。

私に対しては極めて親切で、敬意をもって接してくれている人のなかに、想像もつかないような横柄さで低カーストの人間と接する者もいた。かれらの高圧的な態度は、スリヴィディヤやアーナンドが言うように、生活環境の中でゆっくりと時間をかけて作り上げられるので、当人たちは無意識なのかもしれないが、このような態度をとれる人たちが、音楽の精神性や普遍性を語る時、私は越えることができない壁を感じたものである。

私が、お手伝いさんのギリジャーに対して丁寧語で話していたことを知って、

「優しくするとつけあがるから気をつけたほうがいい」

と忠告してくれた人もいた。これは、通常のインドの文脈では「正しい」判断なのかもしれないが、

低カーストの人間をつけあがらせないように押さえ込む心性と、音楽界において非ブラーマンの進出を妨げようとする性向には、どこか共通点があると感じざるをえない。

ブラーマンの演奏家や音楽愛好家の中には、音楽は神を見つける手段であると真顔で主張する人たちが少なからずいる。先にも述べたように、古典音楽の楽曲は、作曲者が帰依する神を称える内容をもち、歌を歌い聴く行為はこのような宗教心の追体験であるとも考えられる。しかし、それと同時に、神に帰依することの忘我と陶酔は、神との合一という絶対的な価値をもつがゆえに、音楽愛好者は精神的に優位に立ち、カースト差別をふくむ極めて世俗的な日常を超越することができる。コンサートでブラーマンの音楽愛好家たちが見せる恍惚とした表情に、非ブラーマンの多くは強い欺瞞を感じており、私もまたその感覚を共有するようになった。

第七章　別れ

出会いがあれば、別れがあるのは世の定めである。フィールドワークで親密な関係を結ぶ人々も例外ではない。特に私は年配の音楽家を調査の対象としていたので、フィールドで出会い、交流した人々とも数多くの別れを経験してきた。しかし、師匠との別れは特別である。インドの師弟関係の有り様からいえば、私が弟子を名乗るのは僭越なことかもしれないが、短い期間であっても集中的に音楽を教えていただき、また私がかれらの生活の一部を占めていたことは事実である。

私のインドにおける調査は、三人の師匠との関わりを軸にして行われた。それぞれの師匠が持っていた人のつながりに沿って、調査の場を広げていった。フィールドワーク中に、師匠たちと過ごした時間は圧倒的に長く、私の音楽の知識のほとんどはかれらに負っている。そのため、私の音楽の好みや判断基準は師匠たちの音楽に大きく影響されており、研究上の関心や調査の方向を決めたと言っても過言ではない。師匠と弟子は音楽を通して関係が作られるために、肉親とは異なる親密さがある。

ブリンダ先生との別れ

一九九五年の秋、私は何年ぶりかでブリンダ先生を訪ねることができた。その数年前に博士論文を提出して学位を取得してから、職探しで忙しかったこともあり、しばらくインドから遠ざかっていたが、縁あって、アメリカ合衆国の船上教育機構が運営する船上大学プログラムの講師として、民族音楽学の授業を受けもつことになった。二万三〇〇〇トンの船に五百人ほどの学生と一緒に乗り込み、約百日間で世界を一周しながら各地の歴史、文化、政治、自然科学などを教える洋上プログラムだった。航海中十ヶ所に寄港し、私にとっては嬉しいことに、その一つがマドラスだった。私の息子は当時六歳だったが、世界を肌で感じさせるのによい機会だと考えて連れて行くことにした。

マドラスには数日間の寄港だったが、ブリンダ先生の家に初めて息子を連れて行くことができた。私たちが訪ねたことを本当に嬉しそうに迎えてくれたことは忘れられない。サウンダーやジャムナーも変わりなく、十年前に戻ったような錯覚にとらわれた。しかし、この再会は私にとって悲しい思い出でもある。彼女は、その一年ほど前に自宅で転倒して複雑骨折し、左手首が見るも無惨に変形していたからだ。完全に回復する可能性はなく、永遠にヴィーナを弾くことができないという。音楽に一生を捧げてきた彼女が、もう二度とヴィーナを弾くことができないと思うと、やりきれなさで胸がいっぱいになった。まだ歌うことはできたが、ダナンマルのヴィーナの伝統が途絶えてしまった。帰りがけに玄関先で写真を撮りたいと告げると、普段着だからと躊躇しながらもカメラに

写真42　ブリンダ先生との別れ際にとった一枚。これが最後になった。マドラス市、1995年。

向かってくれた。レンズを通してみた八十三歳の彼女は実に美しかった。まるで手首の骨折などなかったかのように晴れ晴れとした表情だったが、これがブリンダ先生との最後の別れになった（写真42）。

私は、この再会から数ヶ月後の一九九六年一月、今の職場である民博に着任した。やっと新しい環境にも慣れ始めた八月のある日、一通のメールが私のもとに届いた。南インド音楽の研究仲間で、大学時代の同窓でもあるガーヤトリ・カセバウムからだ。件名に「ブリンダ」と書かれており、不吉な予感がした。一瞬ためらったが、悪い知らせでありませんようにと祈りながらメールを開いた。「私たち皆にとって悲しい知らせです」という文章からメールは始まっていた。ブリンダ先生が一週間前に亡くなったという知らせだった。

その二週間ほど前に転んで腰の骨を折り、一旦入院したが退院し、自宅でほどなく亡くなったと記されていた。直ぐに、マドラスに電話しようかと思ったが、来客や電話への対応で追われているサウンダーとジャムナーの姿が目に浮かび思いとどまった。自分自身の気持ちも整理したかったので、少し時間をおいてから手紙を書くことにした。

ガヤトリは、バンガロール出身だが、十二歳から十年間にわたりマドラスでブリンダ先生の教えを受けた私の先輩である。ブリンダ先生との師弟関係は、私のそれとは比べものにならないほど長く深い。彼女は、優れた音楽家であるだけでなく、ブリンダ先生のことを心から敬愛する控えめで優しい女性である。ブリンダ先生にとっても、お気に入りのお弟子さんだったことは、先生の口ぶりからも明らかだった。私は、同じ師匠に学んだことや、ワシントン大学で同窓だったこともあり、親しく交流させてもらっていた。その後も数日間にわたって彼女とメールのやり取りをして、亡くなって初めて感じたことや、先生のために何ができるかなどの話をした。悲しみを分かち合うことで、少しは気が楽になった。

追悼ハウス・コンサート

一九九九年一月十一日、ブリンダ先生の家でハウス・コンサートが開かれた。先生が亡くなって初めて、彼女の家で音楽が奏でられることになったのだ。息子のサウンダーは、「ブリンダの家」から音楽がまったく消えてしまうのは残念だと考えて、年に一度か二度ハウス・コンサートを開く

写真43　ブリンダ先生宅でのハウス・コンサート。ヴィシュワの熱演が繰り広げられた。フルートと声楽を交互に演じるユニークなスタイルを作った。マドラス市、1999年。

ことにしたのだ。演じるのはアメリカに住んでいる従弟のヴィシュワ。毎年十二月から一月にかけて開催されるマドラスの音楽祭に参加するためにインドに戻ってくるというので、サウンダーがハウス・コンサートを提案したのだった。

そろそろ始めようかと観客に語りかけながら、ヴィシュワは長年愛用しているフルートを手に取った（写真43）。彼がステージで見せる満面の笑みから、マドラスで演奏できることへの喜びが素直に伝わってくる。ヴィシュワは一九六〇年代からアメリカに住んでいるので、インドで演奏する機会は多くない。マドラスへ帰ってくるたびに、彼は好んでハウス・コンサートと呼ばれるサロン的な集まりで演奏する。この種の演奏会では、主催者と招待客だけが集まって音楽を聴く。新聞には掲載されないので、個人的に招かれない限りその開催を知ることもない。チケットを買って入場するコンサート会場での演奏会とは違い、もちろん無料である。また、このような演奏会には、演奏家や音楽通が招かれるので、聴衆の音楽的な素養はきわめて高いといえる。

この日のハウス・コンサートには、五十人ほどの人たちがヴィシュワの音楽を聴きに集まった。その多くは旧知の演奏家や弟子たちである。マドラスでは、技術的に優れているとしても円熟味に欠ける若手「スター」演奏家たちがもてはやされた音楽祭のシーズンが終わったばかりだった。そのせいか、集まった人たちはヴィシュワの演奏をとりわけ期待しているようだった。会場にあてられた家の前庭は、カラフルな幕で外の通りから遮断されている。この日のために組上げられた小さなステージには、ヴィシュワと彼の四人の伴奏者たちがちょっと窮屈そうに並んでいた。一月のマドラスは、夏の耐えられない暑さが嘘のように過ごしやすい。演奏が始まった夕刻には、少し肌寒いほどだった。

ヴィシュワの演奏はすばらしく、忘れかけていた南インド古典音楽のもつ陶酔感を思い出させてくれた。私は、音楽に酔いしれながらも、ブリンダ先生のことをずっと考え続けていた。この日、先生が亡くなってから初めてこの家を訪ねたのだった。以前ヴィーナを習うために足しげく通った先生の家には、様々な思い出がある。演奏の会場となった前庭は、レッスンを終えてからのひとときをブリンダ先生と過ごした場所でもあった。また、先生を訪ねてきた多くの演奏家や音楽愛好家たちにも、ここで紹介された。

長年、ブリンダ先生の相方だった妹のムクタは、ヴィシュワと向かい合うように、最前列に陣取っていた。ヴィシュワが演奏する曲をなぞるように、口ずさみながら聴いている。ヴィシュワは優れた声楽家でもあり、この日も何曲かを披露した。長年歌ったことのない曲をリクエストされ、ヴィシュワが歌詞につまると、ムクタが助けに入った。誰かが彼女にマイクをもってきた。後ろのほうに座っていたヴェーガ先生や、ステージの横にいた今や盲目のシャンカランも一緒に歌い始めた。ブリンダ先生の一族に伝承されてきた音楽が集約されたような濃密な時空間が、この予期せぬ合唱によって生まれた。先生にとって、これほどのプレゼントがあるだろうか。

ヴィシュワの演奏が終わると、演奏者を含め会衆全員に手作りの夕食が用意されていた。演奏の余韻につつまれて、皆楽しそうに歓談している。その合間を縫って、ブリンダ先生が以前使っていた部屋に入って行くと、ちょうどサウンダーがゲストの一人と先生の思い出話をしていた。先生の存在をできるだけ身近に感じられるように、今ではこの部屋を夫婦の寝室として使っているそうだ。壁には見慣れたブリンダ先生のポートレートが十数年前と同じようにかかっていた。当時まだほんの子供だったかれらの独り息子ブッジュがニュージーランドへ留学中だと聞いて、確実に時間が流れたことに驚いたが、部屋の様子はさして変わらず、今にもその場にブリンダ先生がひょっこり現れて、私に「ヴィーナは練習しているか」と尋ねそうだった。

魔法にかかったように音楽を聴き、懐かしい人たちに再会して帰路に就いた。以前幾度となく通った道は、その時も舗装されていなかった。ブリンダ先生の家に通っていた頃、ある日、習った歌があまりにすばらしく、頭のなかで旋律とヴィーナの指使いをなぞっているうちにバスを乗り間違えたことがあったのを思い出した。

アメリカでヴィシュワを訪ねる

二〇〇二年の冬、私はニューヨーク大学に三ヶ月間ほど滞在することになった。現地に到着した一月は、同時多発テロ事件からまだ数ヶ月しか経っておらず、グラウンド・ゼロから近かった大学周辺には事件の生々しさが残っていた。私は、マンハッタンにある大学の宿舎に滞在していたので、ヴィシュワが教えているコネティカット州のウェスリヤン大学へは、電車で行けば数時間の距離だった。またとないチャンスなので、週末に会いにいくことにした。インドで何回か会う機会はあったが、ご自身が多忙であるので、なかなかゆっくり話を聞くことができなかったからだ。特に、彼の師匠にあたるティルッパーンバラム・スワミナーダ・ピッライ（一九〇〇—一九六一）は、フルートの名手であり、当時私が調べていたタミル音楽運動の有力な支持者であったと言われていたので、ヴィシュワの意見を聞きたかった。また、私が以前書いた論文に対してコメントを送ってくれていたので、それらについても議論したいと考えていた。

電話で連絡をとると歓迎してくれ、ご自宅に泊めてもらうことになった。最寄りの駅まで迎えにきてもらい、最初に大学のキャンパスを案内してもらった。彼の兄でナイト先生の師匠でもあったランガは、一九八七年に亡くなっており、そのときに植樹した木がキャンパス内にあった。ランガの演奏を生で聞いたのは、一九七八年にサンフランシスコで開かれたラクシュミの舞踊公演のときだけだったが、私は彼の太鼓演奏を録音から分析したことがあり、膨大な時間を彼の演奏とともに過ごしていたので、深い親しみを持っていた。すっかり大きくなった木を眺めながら、アメリカの田舎町に眠るインド人音楽家の人生に思いを馳せた。

ヴィシュワは料理が上手で、夕食には得意にしているミーン・コランブ（魚のカレー）などを作ってくれた。すべてがとても美味しく楽しい夕餉となった。食事が終わり、片付ける段になったので私がやりますと申し出たのだが、慣れているからと言って受け付けなかった。彼が皿を洗う間に、私はテーブルの片付けをしながら、アメリカ人にインド音楽を教えることや、コネティカット周辺のインド人コミュニティなどについて話を続けていた。驚いたことに、インド人コミュニティがヴィシュワに演奏の依頼をすることは皆無であるという。彼の公演は、ウェスリヤン大学が企画するイベントや、他大学からの依頼がほとんどであるらしい。北米のインド人コミュニティは、一九七〇年代から各地に音楽協会を設立して、インドから音楽家たちを招聘していた。ヴィシュワは第一級の演奏家であるだけでなく、すでに北米に住んでいるのだから、インドから演奏家を招くことに比べれば、招聘は容易かつ経済的であるはずである。

そのとき、皿を洗いながら、私の方を振り返り、いたずらっぽく笑ってから、ポツリと言った。「サンギータ・カラーニディがお皿洗い」ジョークのつもりで言われたのは明らかだったが、私は、一瞬どう反応していいのか戸惑った。サンギータ・カラーニディは、マドラス音楽院が毎年開く音楽祭の会期中に、南インドの音楽・舞踊の発展に功績のあった演奏家に授与する賞である。南インドで最も権威のある音楽賞とされ、音楽シーズンが近づくたびに、誰が受賞するのかが音楽界の大きな関心事となる。ヴィシュワは、この賞を一九八八年に受賞していた。インドで生活していれば、彼のような音楽の大家が、自分で家事をすることはまずないだろう。インドとアメリカの生活スタイルの違いと言ってしまえばそれまでだが、ブラーマンではないかれらが、アメリカに活路を見出さなければ演奏家として活動しにくい状況がインドにあったことを私はよく知っていたし、私がその状況を分析しようとしていたことも、彼は私の論文などから知っていた。そのようなお互いの理解の上に発せられたジョークだと私は考えている。音楽賞と皿洗いを組み合わせた意外な言葉の響きに、二人で大笑いしたのだが、その可笑しさには、理不尽を笑って苦境を乗り越えてきたバイタリティあふれる生き様とともに、その根底にある深い悲しみを感じざるをえなかった（写真44）。

翌朝、ヴィシュワは車で近くの駅まで送ってくれた。もっと早くこういう機会を持てば良かったと後悔しながら、また近いうちに是非会いましょうと約束して別れた。ヴィシュワは、いつものように人懐っこい笑顔で送ってくれたが、半年も経たないうちに心臓発作で急逝した。会って親しく話をしてから少ししか時間が経っていなかったので、逝去の知らせを受けた時も、俄には信じられなかった。思い出したのは彼が作ってくれたタマリンドの酸味がきいた魚カレーの味と、あの言葉を発したときの万感の笑顔だった。

写真44　1960年代からアメリカ合衆国に住むヴィシュワ宅で長時間にわたり音楽談義をした。活力にあふれ、半年もたたないうちに急逝するとは、思いもよらなかった。コネティカット州、2002年。

　今回、この本を書くために昔の手紙を整理していたら、インドに出発する二ヶ月前にヴィシュワから受け取った一通の手紙をみつけた。私がブリンダ先生に弟子入りすることを喜んでくれていた。また、音楽家の社会関係を調べるには、従兄のシャンカランが一番の手引きとなるが、高齢なので助けになるかどうか心配であると記されていた。最後に、ニューマン先生、ヴィシュワ、シャンカランが一堂に会した時、ニューマン先生のアプローチを南インドにも適用すべきだが、なかなか実現していないことが話題になり、その意味でも私の調査に期待していることなどが記されていた。インド到着後の私は、日々の調査に追われ、この手紙を受け取ったことすら忘れていた。私が、ヴィシュワの期待にどれくらい応えられたのか直接聞く機会を失してしまったが、もう一度話をしてみたかった。

民博の記念公演

ブリンダ先生の長男の息子ギリーシュが、声楽家として才能があることはかねがね聞いていたが、実際に彼の歌を聴く機会にはなかなか恵まれなかった。二〇〇九年十二月、マドラスに二週間ほど滞在したとき、ギリーシュの公演が市内の小さなホールで開かれた。私が長期のフィールドワークをしていたころ、ギリーシュはまだあどけない少年だったが、長身で恰幅のよい男性に成長していた。ヴェーガ先生は長らく公演活動から遠ざかっていたので、ブリンダ先生の一族から後継者が出てきたことが心から嬉しかった。二〇一一年には、シャンカランの息子夫婦の家で開かれたハウス・コンサートに招かれ、ギリーシュとB・バーラスブラマニアン（バール）とが一緒に歌うのを聴くことができた（写真45）。ブリンダ先生のスタイルを継承する音楽を、間近で楽しむという贅沢な時間を過ごすことができた。二人の歌声を聴きながら、ブリンダ先生のために民博でかれらの公演を開くという考えが浮かんだ。ちょうど翌年は、先生の生誕百周年だったからだ。

ギリーシュと一緒に歌ったバールは、ダリット出身の古典声楽家である。バールは、出自に由来する様々な苦難を体験しながらも、抜きん出た才能と明るく前向きな性格を武器に少しずつプロの演奏家の道を進んできた。マドラス大学で音楽学も学び、私の調査を手伝ってくれたこともあった。彼の演奏家としての最大の転機は、一九九〇年にブリンダ先生とヴィシュワの集中ワークショップ

写真45　マドラス市内で開かれたハウス・コンサート。ブリンダ先生の孫であるギリーシュとバール（中央奥）が、なごやかな雰囲気の中で演奏を繰り広げた。2011年。

に参加したことだ。ブリンダ先生の一族には、かれらの音楽スタイルを継承する若い世代が育っていないという危機感が募っていた。演奏スタイルを絶やさないように、一族以外からも積極的に希望者を募り集中的に教えることにしたのだ。バールは受講生のなかで、最も才能があり信頼されていたため、ワークショップが終わってからも、ヴィシュワの内弟子となり、彼がインドで公演する際には声楽の伴奏者となった。二〇〇三年からは、ヴィシュワの後任として、ウェスリヤン大学で南インド古典声楽を教えている。誰が後任になるかについては、舞台裏で様々な駆け引きがあったそうだが、演奏スタイル上の継続性を考えれば、

写真46　民博研究公演「遠い記憶、呼びさます声」で熱演するギリーシュとバール。ブリンダ先生の生誕100周年を記念して企画され、先生の写真を背後に投影した。2012年。

バールが最適任であることは間違いない。

ハウス・コンサートの数日後、民博での公演の計画を立てるために、滞在中のホテルで打合せをした。ブリンダ先生の生誕百周年を記念する公演なので、彼女が好んだ楽曲かラーガを演奏することを提案した。二人は快く賛同してくれ、話合いのなかからティヤーガラージャ作曲の「イェーミ・ネーラム」を選んでくれた。先生が好んだラーガの一つであるシャンカラーバラナムで作曲されたこの曲を、公演の目玉とすることに決めた。そして、この曲を演奏するときには先生の写真をスクリーンに投影することにした（写真46）。

二〇一二年十月、ギリーシュとバールを民博に招いて研究公演「遠い記憶、呼びさます声―ダナンマル家の南インド古典声楽」を開くことができた。伴奏にも一流の音楽家が参加してくれた。手前味噌だが、質の高い素晴らしい公演ができたと思っている。バールは直前に風邪をひき声の調子は万全ではなかったが、それをカバーできるだけの技量と音楽性を備えていた。公演には、在大阪神戸総領事であったヴィカース・スワループ氏をはじめ、多くのインド関係者にも来ていただき、観客の反応も上々だった。

司会を務めていた私は、客席で公演を楽しむ余裕はなかったが、舞台の袖から、ギリーシュとバールによる熱演と、映し出された往年のブリンダ先生の姿を重ねながら、流れた時の重みとともに、音楽の技が継承されることの意味を考えていた。ブリンダ先生が頑に守っていたスタイルの片鱗を、この二人の演奏のなかに感じ取ることができたのは、私にとっても本当に嬉しいことだった。それと同時に、何故もっと早くこのようなイベントを企画できなかったのかと後悔もした。ブリンダ先生は、私が民博に着任した一九九六年に亡くなっていたので、お招きすることは不可能だったが、生前歌っていただく場を用意することができたならと思わずにはいられなかった。

ラッチャヤッパー先生逝く

私は、二〇〇八年から、南インドの音楽や舞踊が海外の南アジア系コミュニティでどのように受容されているのかを調査するプロジェクトを始めた。その一環として、イギリスのタミル人コミュ

写真47　ラッチャッパー先生の次男パーニ（左）は、ロンドンで音楽学校を主宰している。生徒の大多数は、スリランカ系タミル人の子供たちで、学習意欲は高い。ロンドン、2009年。

ニティについて調査をすることにした。ラッチャッパー先生の次男であるパーニが一九九〇年代からイギリスに移住し、現地でインド音楽の学校を開いていることを知っていたので、彼の存在をあてにしていたところもあった。メールで連絡をとり協力を求めたら、快諾してくれた。嬉しいことに、ラッチャッパー先生と奥さんもその時期にイギリスに短期滞在する予定だと言う。

二〇〇九年夏、私はロンドンに二週間ほど滞在した。パーニはロンドンのタミル人コミュニティにしっかりと根を下ろし、有能な音楽教師として信頼を勝ちえていた。彼の人脈のおかげで短期間に数多くの南アジア系音楽家、舞踊家に話を聞くことができた。パーニの勧めで渡英した妹のシータも、彼の音楽学校で教えながら、声楽家として活動する態勢を整えつつあった。私がラッチャッパー先生に弟子入りしたときには、まだ二十代そこそこだったパーニやシータが、遠く離れたイギリスで生活しながら、音楽で立派に生計を立てている姿を見て、なぜか私まで誇らしい気持ちになった（写真47）。

私がロンドンを離れる数日前に、皆がシータのアパートに集まり、夕食を共にした。シータの娘は、すでに英語の方が話しやすそうだったが、ラッチャヤッパー先生夫妻は久々に子供や孫たちに囲まれて、家族と一緒に過ごす時間を心から楽しんでいるようだった。

ラッチャヤッパー先生は八十歳を超えていたが、音楽への情熱は衰えていなかった。パーニの音楽学校にも出向いて、生徒たちの指導をしていた。食事が終わると、突然「今新しい曲を作っている」と言われた。迂闊なことに、私は先生が作曲をしていたことをすっかり忘れていた。ノートに書き貯めた曲がかなりの数になり、マドラスの自宅にあるという。「次回インドへ行くときには、是非聞かせて下さい」といって別れたが、実現しなかった。

二〇一三年四月、ラッチャヤッパー先生がマドラスで亡くなった。二日後、パーニからメールで知らせを受けた。有力英字新聞 The Hindu にも逝去の記事が掲載されたらしい。私は、二〇〇〇年以降は他のプロジェクトで忙しくなり、マドラスに滞在するときも挨拶に伺う程度で、それほど多くの時間を一緒に過ごしたわけではないが、訪ねていくといつも優しく迎えてくれた。以前ラッチャヤッパー先生に習った歌の数々は、練習のためにテープに吹き込んであった。練習用に録音してもらったもので、伴奏のない生の声である。先生が亡くなったという知らせを受けて、久しぶりにこのテープを聴いた。先生は声楽家として公演をしたことはなかったが、滋味のある魅力的な声の

写真48　寺院儀礼の演目マッラーリの録音風景。ラッチャッパー先生（左）とムラリ（中央）。マドラス市、1993年。

持ち主で、声楽の生徒が時おりレッスンのために先生の家に通っていたことを思い出した。テープを聴きながら、教えてもらった曲にタミル語の曲が多かったことにも改めて気がついた。

ラッチャッパー先生は、ペリヤ・メーラム音楽の将来には悲観的だった。私が調査を進めていた一九八〇年代半ばでも、それまでこの音楽の演奏伝統を支えていた演奏の場やパトロン層が消滅してしまったとよく嘆いていたものだ。その意味でも、私は先生に大きな借りができてしまった。マッラーリと呼ばれる儀礼楽曲を学んでいたとき、先生の演奏をCDとして世に出すことを計画したことがあった。マッラーリでは、二つのリズムが同時進行するので、演奏はスリリングだが、正確に伴奏ができるタヴィル奏者は多くない

（第四章）。そのため、カーンチプラムにすむベテランの演奏家をマドラスに招いて、先生の自宅と近くの寺院で録音させてもらった（写真48）。ミシュラ・チャープ・ターラ（一周期七拍）の美しいマッラーリだったが、音源だけではなく音楽的な分析をつけた形で世に出したいと考えているうちに、他のプロジェクトに追われるようになり頓挫してしまった。マッラーリは楽曲のジャンルであり、個別のマッラーリにはかなりのヴァリエーションがある。先生から、もっとたくさんのマッラーリを学んでおけば良かったと今さらながら後悔している。もうその夢は叶わないが、先生の滋味のある歌声とともに、今後手元にある映像や録音を広くアクセスできるようにしていきたい。パーニやシータも、父親の業績を後世に伝えたいと願っており、かれらと協力しながら何ができるかを考えたい。

おわりに

本書は、私の南インドの音楽文化との付き合いを、一九八六年三月から十八ヶ月間にわたり行なった長期のフィールドワークを中心に描いたものである。私個人の感情や、現地の人々、特に私の師匠たちとの交流に焦点をあてて話を進めた。

執筆の機会をいただいたおかげで、長い間しまってあった昔のフィールドノートや手紙などを読み返す機会を得た。すっかり忘れていた人々や当時の生活を思い出すことができ、楽しくかつ心揺さぶられる経験だった。一つの調査をするのに、数えきれないほどの人々にお世話になったことを改めて認識させられるとともに、かれらの期待にどれほど応えられたのか、反省することしきりだった。

また、師匠が弟子を受け入れるには大変な覚悟がいることを、今さらながら痛感している。特に私のように、演奏家としてかれらの伝統を継承する可能性がまったくない人間に、時間や労力をかけるのは無駄とも考えられる。実際に、この理由から外国人の弟子は取らないと公言する演奏家に会ったこともある。そうであるにもかかわらず、弟子として私を受け入れ、それぞれの素晴らしい音楽世界へ導いてくださった三人の師匠に、最大の敬意を払うとともに、心からの感謝を述べたい。

このような幸運を受けたのだから、私は前世で得た徳をすべて使い果たしてしまったにちがいない。

原稿を書くにあたっては、師匠たちの演奏の録音やレッスンのテープなどを聞きながら作業をした。特に、ブリンダ先生の歌をこれほど集中して聞いたことは、これまでにも無かったかもしれない。執筆にはずみをつけるためだったのだが、しばしば聴き込んでしまい筆が止まった。しかし、音には記憶が染み付いていて、聴いていると、インド滞在中に体験した様々な生活の情景がリアルに浮かんでくることがあった。今回の執筆をきっかけにフィールドワークで感じた高揚や興奮、不安や焦りなどを再び体験できたのは貴重だった。それらの感情や精神状態は、長らく忘却の彼方にあったのだが、生々しい感覚を伴って蘇ることは驚きでもあった。気恥ずかしい思いはあったが、フィールドワークでの生活のリアリティが伝わるように、そのような心の動きをできるだけ忠実に書くようにした。

音楽家は、音楽への深い敬意がなければ成立しない。自分や家族を養う糧ではあるが、それだけではない。私の三人の師匠たちのように、職能カーストに生を受けたとしても、皆が音楽家になれるわけではもちろんない。三人の師匠は、それぞれが引き継いだ伝統に高い誇りをもち、そのエッセンスが次世代へ伝承されることに強い責任感をもっていた。私は決して誉められる弟子ではなかったが、かれらから何か一つ学びえたのだとしたら、それは音楽への敬意の表し方だったのかもしれない。

ブリンダ先生とラッチャッパー先生は、すでに鬼籍に入られたが、ご家族との交流は続いている。

パラニサーミ先生とは付き合いが途切れてしまったが、再び繋がりをつける良い機会かもしれない。

　調査中にお世話になった音楽家の皆さんはもとより、フィールドで様々な便宜を図ってくださった方々にも、これといった恩返しができていないことを心苦しく感じている。この本には登場しないが、インドで何度もお会いして話し合い、影響を受けた人たちがいる。在野のペリヤール研究者のS・V・ラージャドゥライさん、声楽家のマドゥライ・G・S・マニさん、マドラス大学教授のゴーパーラン・ラヴィーンドランさん、元プリンストン大学教授の故ハロルド・パワーズ先生には、特にお礼を申し上げたい。

　本書の執筆にあたっては、本シリーズの編集委員である印東道子、関雄二、白川千尋各氏から核心を突く有益なコメントを数多くいただき感謝に絶えない。ただし、それらを十分に反映できなかったのは私の力不足のせいである。また、臨川書店の西之原一貴、工藤健太両氏には、私の遅筆のせいで不要な心労をかけたことをお詫びしたい。最後に、一九八〇年代のフィールドノート、写真、音楽家たちと交わした手紙などを手際よく整理してくれた枝光ユミさんに感謝したい。

　なお、本文中に出てくるインドの地名は、長期フィールドワークを行なった一九八六〜八七年当時の名称を使い、初出で現在の名称を括弧に入れて示した。一九九〇年代から旧イギリス植民地時代につけられた名前を、現地名称に変更する動きが活発化しているが、当時の雰囲気を残すためにあえてそのままにした。私が直接教えを受けた方の名前には「先生」とつけ、他の方は適宜敬称を付した。

本書はほとんど書き下ろしであるが、第七章の一部はエッセイ「ブリンダのこと」（一九九九年『民博通信』八六、九七―一〇三）に基づいていることをお断りしたい。参考文献は、本文で言及した文献だけを列記した。

最初のフィールドワークからほぼ三十年という歳月が流れた。当時は年配の音楽家に焦点をあてていたこともあり、今も健在な方はほとんど残っていない。かれらが演奏した音楽と、音楽にかけた情熱を少しでも後代に伝えることが、残された私の仕事だと思っている。

参考文献

Brown, Robert E. 1965. "The mrdanga : A study of drumming in South India." Ph.D. dissertation, University of California, Los Angeles.

Knight, Douglas M. 2010. *Balasaraswathi : Her Art and Life.* Chennai : Tranquebar Press.

L'Armand, Kathleen and Adrian L'Armand. 1983. "One hundred years of music in Madras : A case study in secondary urbanization." *Ethnomusicology* 27/3 : 411-38.

Menon, Indira. 1999. *Madras Quartet : Women in Karnatak Music.* New Delhi : Roli Books.

Neuman, Daniel M. 1980. *The Life of Music in North India : The Organization of an Artistic Tradition.* Detroit : Wayne State University Press.

——— 1985. "Indian music as a cultural system." *Asian Music* 17/1 : 98-113.

Parthasarathy, T. S. 1967. *Sri Tiyagarajasvami Kirttanaikal.* Chennai : Higginbotham's.

Sankaran, T. 1987. *The Life of Music in South India.* Unpublished manuscript. 96pp.

Saradi. 1997. *Isai Ulahin Imayam MS.* Chennai : Vanadi Padippakam.

Sundaram, B. M. 2001. *Mangala Isai Mannarkal.* Chidambaram : Meyyappan Tamirayvagam.

Viswanathan, T. 1975. "Raga alapana in South Indian music." Ph.D. dissertation, Wesleyan University.

寺田吉孝（てらだ　よしたか）

1954年生まれ。ワシントン大学音楽部博士課程修了。国立民族学博物館教授。専門は民族音楽学。マイノリティ集団の音楽実践や音楽研究における映像音響メディアの活用について、民族音楽学的視点から研究を行っている。主な著書に、Music and Society in South Asia: Perspectives from Japan（編著書、2008年）、映像番組に『南インド・ヒンドゥーの結婚式』（2008年）などがある。

フィールドワーク選書 11

音楽からインド社会を知る
弟子と調査者のはざま

二〇一六年二月二十九日　初版発行

著者　寺田吉孝
発行者　片岡敦
印刷製本　亜細亜印刷株式会社
発行所　株式会社　臨川書店
606-8204　京都市左京区田中下柳町八番地
電話（〇七五）七二一-七一一一
郵便振替　〇一〇七〇-二-八〇〇

落丁本・乱丁本はお取替えいたします
定価はカバーに表示してあります

ISBN 978-4-653-04241-9 C0339

〔ISBN 978-4-653-04230-3 C0339　セット〕

フィールドワーク選書　刊行にあたって

編者　印東道子・白川千尋・関　雄二

人類学者は世界各地の人びとと生活を共にしながら研究を進める。何を研究するかによってフィールド（調査地）でのアプローチは異なるが、そこに暮らす人々と空間や時間を共有しながらフィールドワークを進めるのが一般的である。そして、フィールドで入手した資料に加え、実際に観察したり体験したりした情報をもとに研究成果を発表する。

実は人類学の研究でもっともワクワクし、研究者が人間的に成長することも多いのがフィールドワークをしているときなのである。フィールドワークのなかでさまざまな経験をし、葛藤しながら自身も成長する。さらにはより大きな研究トピックをみつけることで研究の幅も広がりをみせる。ところが多くの研究書では研究成果のみがまとめられた形で発表され、フィールドワークそのものについては断片的にしか書かれていない。

本シリーズは、二十人の気鋭の人類学者たちがそれぞれのフィールドワークの起点から終点までを描き出し、それがどのように研究成果につながってゆくのかを紹介することを目的として企画された。なぜフィールドワークをしたのか、どのように計画をたてたのかにはじまり、フィールドでの葛藤や予想外の展開など、ドラマのようなおもしろさがある。フィールドで得られた知見が最終的にどのように学問へと形をなしてゆくのかまでが、わかりやすく描かれている。

フィールドワークをとおして得られる密度の濃い情報は、近代化やグローバル化など、ともすれば一面的に捉えられがちな現代世界のさまざまな現象についても、各地の人びとの目線にそった深みのある理解を可能にしてくれる。また、研究者がフィールドの人々に受け入れられていく様子には、人間どうしの関わり方の原点のようなものをみることができる。それをきっかけとして、人工的な環境が肥大し、人間と人間のつながりや互いを理解する形が変わりつつある現代社会において、あらためて人間性とは何か、今後の人類社会はどうあるべきなのかを考えることもできるであろう。フィールドワークはたんなるデータ収集の手段ではない。さまざまな思考や理解の手がかりを与えてくれる、豊かな出会いと問題発見の場でもあるのだ。

これから人類学を学ぼうとする方々だけでなく、広くフィールドワークに関心のある方々に本シリーズをお読みいただき、一人でも多くの読者にフィールドワークのおもしろさを知っていただくことができれば、本シリーズを企画した編集者一同にとって、望外の喜びである。

（平成二十五年十一月）